SAMMLUNG POESCHEL

BETRIEBSWIRTSCHAFTLICHE

STUDIENBÜCHER

WERNER KERN

Industriebetriebslehre

Grundlagen einer Lehre
von der Erzeugungswirtschaft

2., überarbeitete Auflage

MCMLXXIV
C. E. POESCHEL VERLAG
STUTTGART

1. Auflage 1970
2. Auflage 1974

ISBN 3 7910 9080 1

P 5

Satz und Druck: Georg Appl, Wemding
Printed in Germany

Inhalt

I. Einführung

Industrielle Erzeugungsprozesse stellen technische und wirtschaftliche Aufgaben. Soweit die letztgenannten auf die einzelne Betriebswirtschaft bezogen werden, zeigen sie sich als betriebswirtschaftliche Problemstellungen, die – bei institutioneller Gliederung der Betriebswirtschaftslehre – dem Gebiet der *Industriebetriebslehre* zuzuordnen sind. Jenes überdeckt die jeweils maßgebenden Teilaspekte der betriebswirtschaftlichen Funktionslehren, wie z. B. Absatz-, Material-, Produktions- und Finanzwirtschaft sowie Rechnungswesen, Organisationslehre und anderes mehr. Größtes Gewicht muß, der generellen Aufgabe des Wirtschaftszweiges Industrie (industria: lat. = Fleiß) entsprechend, dem *Transformationsprozeß* zukommen, innerhalb dessen angeschaffte Waren vor ihrer Veräußerung be- oder verarbeitet werden und dadurch eine Werterhöhung erfahren. Diese Interpretation soll jedoch in weitestem Sinne ausgelegt werden: Mit ihr werden ebenfalls Lohnarbeiten sowie die Gewinnung, Aufbereitung und Veredelung von Rohstoffen erfaßt; ferner sind als Waren nicht nur Materialien und daraus hergestellte Sachgüter anzusprechen, sondern auch jede Form von Energie (z. B. potentielle und kinetische Energie des Wassers; elektrische und thermische Energie).

Die industrielle Betätigung wird unter juristischem Aspekt dem *Handelsgewerbe* zugerechnet (§ 1 Abs. 2 (1) HGB). Dieser Begriff ist seiner weitesten Fassung als Gewerbe schlechthin auszulegen. Gewerbe ist jede planmäßige Tätigkeit zum Zwecke der Einkommenserzielung, des Erwerbes [Kalveram/L 56, S. 17]. Es umschließt die Industrie und den Handel sowie noch andere Gewerbezweige. Zur *Industrie* zählen die gewerbliche Produktion durch Abbau und die Produktionsstufen Aufbereitung und Weiterverarbeitung [s. Abbildung 1], d. h. die gewerbliche Produktion i. e. S., die allerdings auch die selbständige *handwerkliche Erzeugung* umfaßt.

Eine Abgrenzung der industriellen Erzeugung gegenüber der handwerklichen Erzeugung läßt sich nicht eindeutig vollziehen, da beide trotz ihrer Unterschiede viele Gemeinsamkeiten aufweisen können (z. B. Mechanisierungsgrad, Kapitalbedarf und Betriebsgröße). So gibt es z. B. zahlreiche Betriebe des Bau-

Gewerbe	Produktion	gewinnend	Anbau	Land- u. forstwirtschaftl. Gewerbe
			Abbau	*Industrie und Handwerk*
		verarbeitend	Aufbereitung	
			Weiterverarb.	
	Distribution	kommerziell		Handelsgewerbe i. e. S.
		physisch		Verkehrsgewerbe
	Zirkulation	pekuniär		Bankgewerbe
		risikendeckend		Versicherungsgewerbe

Abbildung 1: Gewerbearten

»Handwerks« mit mehr als 400 Beschäftigten und mehr als 1,5 Mill. DM Umsatz, während es in der Lederwaren- und Schmuckwarenindustrie vielfach Betriebe mit nur 5 bis 10 Beschäftigten gibt. Außerdem lassen sich innerhalb industrieller Betriebe vielfach handwerkliche Erzeugungsprozesse beobachten, wie z.B. beim Modell- bzw. Vorrichtungs- und Werkzeugbau, bei der Entwicklung von Versuchseinrichtungen und Prototypen sowie bei Reparaturarbeiten [vgl. auch HENNIG/L 48, S. 9]. Trotzdem soll mit der Synopsis der Abbildung 2 versucht werden, die wesentlichsten Unterscheidungsmerkmale stichwortartig herauszustellen [vgl. auch KALVERAM/L 56, S. 20].

Merkmale	Handwerk	Industrie
Beschäftigungsstruktur	v. gelernte Arbeiter	v. angelernte und ungelernte Arbeiter
Mechanisierung	v. manuelle Erzeugung	v. maschinelle Erzeugung
Betriebsgröße	v. relativ klein	v. mittelgroß, groß u. sehr groß
Kapitalbedarf	v. relativ gering	v. groß u. sehr groß
Auftragsstruktur	Einzel- u. Kleinserienfertigung für bekannte Kunden des näheren Einzugsgebietes auf Bestellung	v. Serien- und Massenfertigung für meist anonyme Endabnehmer eines weitreichenden Vertriebsbereichs
Leitungsstruktur	Leitung durch (mitarbeitende) Meister	Ltg. durch ein auf Leitungsaufgaben spezialisiertes Management
Verwaltung	Keine ausgeprägte Funktionstrennung zur Erzeugung	Ausgeprägte Funktionstrennung von den anderen Funktionsbereichen
Registerzwang	Handwerksrolle (bei Handwerkskammer)	Handelsregister (bei Amtsgericht)
Interessenvertretungen	Handwerkskammer, Innungen	Industrie- u. Handelskammer, Fachverbände

Abbildung 2: Unterscheidungsmerkmale zwischen (selbständigem) Handwerk und Industrie (v. = vorwiegend)

Die grobe Abgrenzung läßt zumindest erahnen, daß die Problemstellungen von Industrie und Handwerk, insbesondere auf ökonomischem Gebiet, großenteils divergieren. Außerdem stehen die *Handwerksbetriebe* nur selten in direkter Erzeugniskonkurrenz zu Industriebetrieben: Domänen handwerklicher Erzeugung sind deshalb »Branchen« (z. B. Kraftfahrzeug-Reparatur- und Bau-Handwerk), in denen sich eine »industrielle« Erzeugung meist nicht oder nicht ohne weiteres durchführen läßt. Das Handwerk ergänzt dann gerade in diesen Bereichen das andersartige Leistungsangebot der Industrie, und vielfach sind Handwerkszweige überhaupt erst aus einer Notwendigkeit heraus entstanden, ein industrielles Leistungsangebot zu ergänzen (z. B. Reparatur-Handwerk und Elektroinstallation). Diese Zusammenhänge erklären unter anderem auch die erhebliche Bedeutung, die das Handwerk in der Bundesrepublik Deutschland vergleichsweise zu deren Industrie besitzt [s. Tabelle 1].

Tabelle 1: Umsatz, Beschäftigte und Zahl der Betriebe in Handwerk und Industrie

Kennzahl	Handwerk[1]	Industrie[2]
Umsatz 1970 (Mrd. DM)[3]	150,6	582,3
Beschäftigte 1970 (Mill.)	3,8	8,8
Zahl der Betriebe (Tsd.)	614,8 (1968)	44,9 (1970)

1 ohne Bauwirtschaft
2 Betriebe mit 10 und mehr Beschäftigten
3 ohne Mehrwertsteuer

Industrielle Erzeugung ist eine weitgehend mechanisierte und maschinisierte Gewinnung oder Herstellung (Fertigung im Sinne einer Ver- oder Bearbeitung) von Rohstoffen und materiellen Gütern sowie auch deren chemische und energetische Umwandlung innerhalb hierfür geeigneter, spezieller Produktionsstätten, deren Leistungsvermögen meist auf größere Erzeugungsmengen in einem Zeitabschnitt ausgelegt ist. Solche Orte werden meist *Fabriken* (fabricia: lat. = Werkstatt) genannt. Sie verdanken ihre Entstehung zunächst der Erfindung der Dampfmaschine (1765). Diese erlaubte erstmals eine zentrale Ausnutzung nichtortsgebundener nichthumaner Energie. Ferner verursachte die – teilweise durch diese Entwicklung bedingte – Maschinisierung von Erzeugungsprozessen einen allerorten ständig wachsenden Kapitalbedarf. Die Kapitalbereitstellung und Finanzierung wurden daher spezifische unternehmerische Aufgaben, durch deren erfolgreiche Lösung meist Besitzverhältnisse an den Betriebsmitteln durch die Unternehmer begründet wurden. Die Besitzverhältnisse legten es wiederum nahe, die Betriebsmittel zu ihrer rationellen Nutzung in größeren organisatorischen und räumlichen Einheiten (Betrieben) zusammenzufassen.

Fabriken sind damit eine Weiterentwicklung der bereits im 17. Jahrhundert entstandenen – und meist von merkantilistischen Königen und Fürsten errichteten – *Manufakturen* (manu factum: lat. = von Hand gemacht). Mit diesen wurde bereits das Prinzip zentralisierter Fertigung zwecks Realisierung der Arbeitsteilung (-zerlegung) – und vielfach auch nur zwecks Geheimhaltung von Erzeugungsmethoden – verwirklicht (z. B. Porzellanmanufakturen). Zuvor erfolgte alle gewerbliche Erzeugung nur in Handwerksbetrieben, und zwar in der Form des Hauswerks, Lohnwerks oder Preiswerks und gelegentlich auch im *Verlagssystem* (Produktion in Heimarbeit mit den Rohstoffen eines Verlegers).

Die *Geschichte der Industrie* ist eng verbunden mit der Geschichte der technischen Erfindungen, von denen hier nur beispielhaft folgende genannt seien: Stahlwalzwerk (1754), mechanischer Webstuhl (1785), Papiermaschine (1799), Support-Drehbank (1800), Schnelldruckpresse (1802), Dampflokomotive (1829), Telegraph (1837), Teerfarben (1856), Fernsprecher (1861), Dynamo (1866), Kraftwagen (1885), Drehstrommotor (1889), Motorflugzeug (1903), Penicillin (1928), Fernsehen (1928), Perlon u. Nylon (1938), Kernreaktor (1942), Transistoren (1953), Raumflug (1957). Die wirtschaftliche Auswertung dieser und aller übrigen, nicht genannten Erfindungen hat die Industrie in Deutschland und in zahlreichen anderen Staaten jeweils zu einem der wichtigsten Wirtschaftsfaktoren werden lassen. So erzielte z. B. die Industrie der Bundesrepublik Deutschland im Jahr 1970 mit 8,8 Mill. Beschäftigten (Angaben nur für die Betriebe mit mehr als 9 Beschäftigten) einen Umsatz von 582,3 Mrd. DM, von dem ca. 21% auf Exporte entfielen. Der Anteil des Beitrags des produzierenden Gewerbes (ohne Baugewerbe und Energiewirtschaft) zum Bruttoinlandsprodukt betrug im gleichen Jahr rd. 44%.

Eine nach Industriezweigen detailliertere Gliederung allein dieser drei Kennzahlen [s. Tabelle 2], in denen sich schon gewisse *Strukturen der westdeutschen Industrie* abzeichnen, läßt erkennen, daß hier innerhalb des Gesamtkomplexes Industrie Unterschiede im Gewicht der einzelnen Branchen zueinander und ferner auch zwischen den einzelnen Industriegruppen und noch mehr zwischen den einzelnen Industriezweigen hinsichtlich der gegenseitigen Relationen der drei absoluten Kennzahlen bestehen. Der letztgenannte Vergleich läßt auf recht unterschiedliche Erzeugungsbedingungen schließen.

Tabelle 2: Zahl der Betriebe (Z) mit 10 und mehr Beschäftigten, Beschäftigte (B) in Tsd. und Umsätze (U) ohne Mehrwertsteuer in Mrd. DM der westdeutschen Industrie im Jahr 1970

Industriegruppe	Z	B	U
Industrie insgesamt	44 864	8 848	582,3
Bergbau	123	312	15,2
Grundstoff- u. Produktionsgüterindustrie	8 063	1 882	178,6
darunter:			
Eisenschaffende Industrie	85	361	33,9
Chemische Industrie	1 727	642	57,9
Investitionsgüterindustrie	14 427	4 063	221,7
darunter:			
Maschinenbau	4 611	1 176	64,2
Straßenfahrzeugbau	473	631	44,7
Elektrotechnische Industrie	2 227	1 131	55,4
Verbrauchsgüterindustrie	17 901	2 027	94,0
Nahrungs- und Genußmittelindustrie	4 350	564	72,8

Die Inhomogenität des Komplexes Industrie kommt auch in recht unterschiedlichen Betriebsgrößen zum Ausdruck, die für den September 1971 in Tabelle 3 ausgewiesen sind.

Tabelle 3: Betriebsgrößengliederung der westdeutschen Industrie (Sept. 1971)

Größe (Beschäftigte)	Anzahl	Beschäftigte (Tsd.)
1– 9	41 505	157,4
10– 49	31 447	761,8
50– 99	10 242	720,4
100–199	6 859	956,6
200–499	5 019	1 553,1
500–999	1 668	1 155,9
1000 u. mehr	1 250	3 455,7
insgesamt	97 990	8 760,9

Schließlich seien auch noch die – gelegentlich fälschlich als »Arbeitsproduktivitäten« bezeichneten – Umsätze (ohne Mehrwertsteuer) pro Beschäftigten erwähnt, die von Industriezweig zu Industriezweig und innerhalb dieser auch von Betrieb zu Betrieb ganz erheblich streuen. Sie betrugen im Jahr 1972 beispielsweise in der Mineralölverarbeitung 568,5 Tsd. DM, in der Nahrungs- und Genußmittelindustrie 152,2 Tsd. DM, in der NE-Metallindustrie 105,5 Tsd. DM, in der chemischen Industrie 97,8

Tsd. DM und im Straßenfahrzeugbau 78,9 Tsd. DM, während die Textilindustrie mit 57,8 Tsd. DM und die Bekleidungsindustrie mit 45,6 Tsd. DM bereits unter dem Durchschnitt für die gesamte Industrie (71,5 Tsd. DM) liegen und der Bergbau mit 43,2 Tsd. DM, die feinmechanische und optische sowie Uhrenindustrie mit 41,8 Tsd. DM und die feinkeramische Industrie mit 37,5 Tsd. DM die geringsten Umsatzquoten aufzuweisen haben (Quelle für alle vorstehenden Zahlenangaben: Statistisches Jahrbuch für die Bundesrepublik Deutschland 1973, S. 221, S. 228 f., S. 233, S. 262, S. 265). Ursachen für die Unterschiede in diesen und noch anderen Kennzahlen müssen neben den divergierenden Anteilen der in den Umsätzen enthaltenen Vorleistungen abweichende Erzeugungsbedingungen und Ungleichheiten in der Art ihrer Bewältigung sein. Diese Annahme läßt sich dadurch erhärten, daß industrielle Erzeugungsprozesse aufgrund unterschiedlicher formaler und materieller Zielsetzungen in höchstem Grade unterschiedlich zu gestalten sind.

II. Aufgaben und Eigenheiten industrieller Betriebe

1. *Das Formalziel wirtschaftlicher Gütererzeugung*

Industrielle Erzeugung ist wie die Leistungserstellung in anderen Wirtschaftszweigen stets Mittel zum Zweck einer übergeordneten Zielsetzung. Diese ist jedoch systembezogen und orientiert sich in marktwirtschaftlich-kapitalistischen Wirtschaftsformen in der Regel am erwerbswirtschaftlichen Prinzip. Es bildete sich mit dem Aufkommen einer neuen Wirtschaftsgesinnung in der Renaissance heraus, als sich die bis zu dieser Zeit nach dem Bedarfsdeckungsprinzip orientierenden Betriebswirtschaften von den Zünften befreiten. Das *Bedarfsdeckungsprinzip*, auch *Organprinzip* genannt (Gutenberg), weil die Betriebe Organe der Zünfte sind und noch keine Autonomie besitzen, unterstellt, daß die Betriebe einen nach Art und Umfang festumschriebenen Vorrat an Gebrauchsgütern, nämlich nur den natürlichen Bedarf der mit ihnen noch verbundenen Haushalte, zu decken versuchen (Sombart). Das *(erwerbs)wirtschaftliche Prinzip*, von Gutenberg auch als *Autonomieprinzip* angesprochen, weil es aus der Verselbständigung der ehemaligen Zunftbetriebe resultiert, besagt mit einer gewissen Vereinfachung, daß alle betrieblichen Maßnahmen im Hinblick auf die Erzielung eines möglichst großen Gewinns (*Prinzip der Gewinnmaximierung*) zu ergreifen sind.

An sich sind das erwerbswirtschaftliche Prinzip, das auf eine *volkswirtschaftliche Wirtschaftlichkeit* abstellt, und das einzelwirtschaftliche Gewinnmaximierungsprinzip nicht völlig identisch, »jedoch erfährt es in ihm seine letzte Steigerung. Dieses erwerbswirtschaftliche Prinzip bildet die Maxime, nach der die Leiter autonomer Betriebe ihre geschäftlichen Maßnahmen treffen und an der sie feststellen, ob ihre Maßnahmen ›richtig‹ oder ›falsch‹ gewesen sind.« [Gutenberg/L 43, S. 453]. Beide Versionen gehen von der Idee der vollkommenen Konkurrenz (freies Spiel des Preismechanismus) aus. Es wird dabei unterstellt, daß die beste Versorgung der Volkswirtschaft mit Gütern im marktlichen Wettbewerb dann erreicht werde, wenn – mit Rücksicht auf den begrenzten ökonomischen Horizont der einzelnen Unternehmer – das einzelwirtschaftliche Streben nach dem Gewinnmaximum als gesamtwirtschaftliche Steuerungsfunktion gewählt wird. Die Kosten- und Preistheorie zeigt aber, daß bei unvollständigem Wettbewerb die gewinnmaximalen Ausbringungsmengen nicht immer mit denjenigen völlig identisch sind, die die beste Versorgung gewährleisten und welche durch die Gleichheit von Grenzkosten und Grenzerlösen determiniert werden. Trotzdem und obgleich die Wirschaftspraxis noch zahlreiche Fiktionen hinsichtlich der selbsttätigen Regulierungsfunktion zeigt bildet »das Erwerbsprinzip .. doch immer die Grundorientierung der privatwirtschaftlich-erwerbswirtschaftlich-kapitalistischen Betriebe« [GUTENBERG / L 43, S. 455]. Dies schließt nicht aus, daß daneben auch andere Verhaltensweisen, wie z. B. das *Bedarfsdeckungsprinzip, das Angemessenheitsprinzip*, das *Gemeinnützigkeitsprinzip* und das *Prinzip plandeterminierter Leistungserstellung* als Leitmaximen unternehmerischer Betätigung festzustellen sind.

Die einzelwirtschaftliche Konkretisierung des Gewinnmaximierungsprinzips leitet zum Prinzip *einzelwirtschaftlicher Wirtschaftlichkeit,* auch *Rationalprinzip* genannt, über. Da der Gewinn eine Differenz jeweils zwischen einer Output-Größe (Ertrag) und einer Input-Größe (Mitteleinsatz) ist, zeigt sich das Rationalprinzip in zwei Versionen: Als *Maximumprinzip* (Optimumprinzip) verlangt es, mit gegebenen Mitteln (Input konstant) einen maximalen (optimalen) Ertrag zu erwirtschaften; als *Minimumprinzip* (Sparprinzip) fordert es einen minimalen Mitteleinsatz zur Erreichung eines vorgegebenen Ertrages (Output konstant). Über das Ausmaß der Erfüllung dieser beiden abgeleiteten Prinzipien besagen Angaben über die Spannen zwischen einen Output und einem Input sehr wenig, da diese nur in Relation zu den Volumina der gewählten Einsätze beurteilt werden können. Es ist deshalb sinnvoller, jeweils einen Output und den ihm adäquaten Input quotial miteinander zu verknüpfen.

Mit den so erhaltenen Relationen, die sich sowohl auf gesamtbetriebliche als auch auf teilbetriebliche, ja u. U. sogar auf einzelne Aktionen erstrecken können, lassen sich Rentabilitäten, Wirtschaftlichkeiten, Ökonomitäten, Produktivitäten und Technizitäten kennzeichnen. Als Ergiebigkeitsgraden ist allen zueigen, daß sie Output-Input-Relationen darstellen; ihre Unterschiede werden nur durch die Dimensionierung der Output- und Input-Größen begründet, für die Beispiele in Abbildung 3 ausgewiesen sind. Während Wertgrößen primär wegen der Bewertungsprobleme dem ökonomischen Bereich einer Betriebswirtschaft zuzuordnen sind, sollten Mengengrößen der Kennzeichnung von Erfolgsquoten im technischen Bereich von Betriebswirtschaften dienen.

	Mengen	Werte
Ausbringungen	Stückzahlen, Gewichte, Längen, Flächen, Energien (PSh, kWh) u. ä.	Ertragswerte, Erlöse, Umsätze u. ä.
		Ertragsüberschüsse, Erfolge, Gewinne u. ä.
Einsätze	Stückzahlen, Gewichte, Längen, Flächen, Energien, Belegschaftszahlen, Arbeits- und Maschinenzeiten u. ä.	Verbrauchswerte, Aufwendungen, Kosten u. ä.
		Nutzungswerte, Gebrauchswerte, Kapital u. ä.

Abbildung 3: Dimensionen für Ausbringungen und Einsätze

Hier bietet es sich an, die Eigenschaft der technischen Leistungsstellen, etwas zu produzieren, durch einen Erfolgsquotienten zu kennzeichnen. Der sich dabei ergebende, auf gleichartigen Mengengrößen (Dimensionen) basierende Ausdruck P_T wird als Grad der *technischen Ergiebigkeit, Technizität* oder auch *Produktivität (i. e. S.)* bezeichnet. Dabei ist zu beachten, daß KOSIOL [L 70, S. 21] unter Produktivität nur eine gesamtwirtschaftliche mengenorientierte Ergiebigkeit versteht.

$$P_T = \frac{\text{Ausbringungs-Mengen}}{\text{Einsatz-Mengen}}$$

Dieser Quotient ist entsprechend den Energiegesetzen der Physik grundsätzlich kleiner als 1 oder 100%. Je mehr er sich diesem Grenzwert nähert, um so höher ist eine Produktivität zu beurteilen. Beispiele sind technische Wirkungsgrade, (Material-)Ausbeutegrade, Belastungs- und Ausnutzungsgrade. Das vorstehende Verhältnis zeigt aber einen Mangel: Es eignet sich nicht, Ausbringungen unterschiedlicher Art mit den sie verursachenden Einsätzen zu konfrontieren. Als Ausweg bietet sich dann meist ein Gleichnamigmachen der unterschiedlichen Ausbringungsarten durch eine – ökonomische Überlegungen einführende – Bewertung. Der so ermittelte Quotient P_W wird als Grad der *betriebswirtschaftlichen Ergiebigkeit* oder auch als *Produktivität (i.w.S.)* bezeichnet:

$$P_W = \frac{\text{Ausbringungs-Werte}}{\text{Einsatz-Mengen}}$$

Dieser mit einer Dimension [DM/ME] behaftete Ausdruck findet bevorzugt Anwendung zur Kennzeichnung von sog. Arbeitsproduktivitäten (Wertschöpfungen oder auch Umsatzquoten), indem – meist – Umsätze nach oder vor Abzug der Vorleistungen auf Belegschaftszahlen als Ausdruck für den Einsatz des Produktionsfaktors Arbeit bezogen werden. *Arbeitsproduktivitäten* lassen aber, wie z. B. auf S. 11, im zwischenbetrieblichen Vergleich erhebliche Abweichungen erkennen. Direkte Rückschlüsse auf die Leistung der Arbeiter eines Betriebes sind jedoch solange fragwürdig, wie nicht auch dem Umstand Rechnung getragen wird, daß diese Unterschiede auf ungleichartige Unterstützungen des Faktors Arbeit durch – maschinisierte oder auch automatisierte – Betriebsmittel zurückgeführt werden können. Das bedeutet, daß den Ausbringungs-Werten Faktoreinsätze unterschiedlicher Art gegenüberzustellen sind. Sie gleichnamig zu machen, ist wiederum nur durch Bewertungen möglich, so daß der Grad der Produktivität P schließlich wieder als eine dimensionslose Größe erscheint:

$$P = \frac{\text{Ausbringungs-Werte}}{\text{Einsatz-Werte}}$$

Dieser Quotient kann im Gegensatz zu P_T sowohl kleiner als auch größer als 1 oder 100% werden. Ist er größer als 100%, so spiegelt er einen durch die Produktion oder auch durch einen marktwirtschaftlichen Erfolg (günstige Verkäufe) erzielten *Wertauftrieb* wider. Das Problem dieser Kennzahl zeigt sich daher sowohl in der Wahl der Wertansätze als auch in der Wahl desjenigen Bereichs, dessen Leistungen durch Ausbringungswerte und Einsatzwerte erfaßt werden sollen. Die Bewertung erlaubt es, diesen Bereich beliebig weit (z. B. über mehrere Produktionsstufen und eventuell gar unter Einbeziehung des Vertriebs) auszudehnen.

Diese Produktivitätsdefinition, die derjenigen der OECD (Organization for Economic Cooperation and Development) entspricht, ist sehr allgemein gehalten, da sie die »Produktionsleistung in Werten« mit dem »Material-, Arbeits- und Vermögenseinsatz in Kosten« konfrontiert. Ebenso unverbindlich bleiben die an sich detaillierteren Vorschläge des Rationalisierungskuratoriums der deutschen Wirtschaft (RKW) zur Produktivitätsmessung hinsichtlich der zu wählenden Wertansätze [vgl. L 99]. Jede Konkretisierung setzt zunächst eine Abgrenzung des zu kennzeichnenden Bereichs voraus. Soll P nur den Wertauftrieb einer einzelnen technischen Produktionsstätte oder mehrerer Erzeugungsstellen bis hin zum gesamten Bereich der technischen Leistungserbringung als *erzeugungswirtschaftliche Ergiebigkeit* kennzeichnen, dann ist es zweckmäßig, als Bezugsgröße (Einsatzwerte) die tatsächlich angefallenen (Ist-)Kosten des betreffenden Bereichs in der Leistungsperiode zu wählen. Als Wert des Outputs können Erlöse nicht dienen; sie würden nämlich den Wertauftrieb am Markt mit einschließen. Für den Bereich der Erzeugung liegt es nahe, dann als Ausbringungs-Wert diejenigen Sollkosten zu wählen, die unter den günstigsten Erzeugungsbedingungen anfallen würden. Gemäß dem *Opportunitätskostenprinzip* ist es der Preis, der bei der jeweils günstigsten Erzeugungsmethode (unter der Minimalkostenbedingung) zu »entrichten« wäre. Damit wird die Produktivität der Erzeugung P_E gekennzeichnet durch

$$P_E = \frac{\text{Sollkosten}}{\text{Istkosten}} \quad \text{oder} \quad \frac{\text{Sollaufwand}}{\text{Istaufwand}}$$

Das *erzeugungswirtschaftliche Optimum* ist dann erreicht, wenn alle Möglichkeiten zu einer rationellen Leistungserstellung ausgeschöpft sind, d. h. wenn der Quotient – bei strenger Auslegung der Minimalkostenbedingung wäre $P_E \leqq 1$ – ein Maximum wird. Er ist der Kehrwert der Wirtschaftlichkeit im Sinne von GUTENBERG [L 42, S. 31]. Soll dagegen mit Hilfe der Produktivität der Wertauftrieb allein am Markt als *marktwirtschaftliche Ergiebigkeit* durch P_M gekennzeichnet werden, so bietet es sich an, unter der Prämisse gleichbleibender Bestände an den unfertigen und fertigen Erzeugnissen sowie unter Vernachlässigung von Vertriebskosten als Einsatz-Werte (Input) die Ausbringungs-Werte des Erzeugungsbereichs, nämlich die Sollkosten, zu wählen. Sie werden mit den erzielten Umsatz-Erlösen verglichen:

$$P_M = \frac{\text{Umsatz-Erlöse}}{\text{Sollkosten (Sollaufwand)}}$$

Diese Kennzahl erstreckt sich nun nicht mehr auf die systemindifferenten Erzeugungsbereiche von Industriebetrieben, sondern auf deren Vertriebsbereiche. Ihre Entfaltungsmöglichkeiten hängen von den herrschenden Wirtschaftssystemen ab.

Unter den vorstehend genannten Prämissen ist es möglich, ohne daß aber hieraus bessere Erkenntnisse gewonnen werden könnten, die beiden Produktivitätsarten P_E und P_M multiplikativ miteinander zu verknüpfen. Dabei heben sich die Sollkosten beider Quotienten gegenseitig auf. Es ergibt sich dann ein neuer Quotient W, der in die betriebswirtschaftliche Literatur schon frühzeitig als Grad der *einzelwirtschaftlichen Ergiebigkeit*, der

Wirtschaftlichkeit oder der Ökonomität Eingang fand [vgl. HAX/L 142; KOSIOL/L 70, S. 21]:

$$W = P_E \cdot P_M = \frac{\text{Umsatz-Erlöse}}{\text{Istaufwand}}$$

Obwohl die Ermittlung von Kennzahlen in der Art von W, die über das Ausmaß der Realisierung einzelwirtschaftlicher – formaler – Zielsetzungen Aufschluß geben sollen, einfacher ist als die Fixierung der detaillierten, Sollkosten benötigenden Produktivitäten, kann zusammenfassend folgendes gesagt werden: Für die Gestaltung industrieller Erzeugungsprozesse besagen die Leitmaximen wirtschaftlicher Erzeugung oder analog größtmöglicher Produktivität, daß möglichst günstige Verhältnisse zwischen den Einsätzen und den Ausbringungen der produktiven Faktoren anzustreben sind. Den Weg dahin zu konkretisieren, bedarf der Entwicklung materieller Aufgabenstellungen, auf die jeweils die gleichen Zielsetzungen zutreffen, wie sie hier entwickelt wurden. Dabei ist allerdings zu beachten, daß die isolierte Anwendung der Maximen auf einzelne Aufgabenbereiche unter Umständen Widersprüche zur Folge haben kann, so daß letztlich die Subziele mit Rücksicht auf die Wirtschaftlichkeit des Gesamtbetriebes eventuell zu modifizieren sind.

2. *Materielle Aufgaben*

Die materielle Aufgabenstellung von Industriebetrieben, mittels deren das Formalziel der Erbringung wirtschaftlicher Leistungen auszufüllen ist, besteht zunächst und ganz allgemein in der *Befriedigung eines Güterbedarfs*, und zwar in der Weise, daß vom Markt gewünschte Güter vor der Phase der Bedarfsdeckung im Industriebetrieb erzeugt werden. Im Gegensatz zu reinen Handelsbetrieben kennzeichnet die *Transformationsphase* das typische Merkmal von Industriebetrieben. Sie wird, und das gilt generell für alle Arten von Industriebetrieben, geprägt durch die Wesensmerkmale eines Beschreitens von – höhere Effizienz versprechenden – Produktionsumwegen, ferner weitgehender Arbeitsteilung und schließlich der Anwendung der Technik.

Im Rahmen einer Industriebetriebslehre kommt der in dieser Phase zu erfüllenden und an vielseitigen Problemstellungen überaus reichen Funktion der Erzeugung (Produktion, Herstellung, Fertigung, Fabrikation) anerkanntermaßen primäre Bedeutung vor sämtlichen anderen betrieblichen Funktionen zu.

Diese sind in industriellen Betrieben aber gleichfalls existent und zu beobachten. Vielfach weisen sie sogar industriespezifische Besonderheiten auf. Genannt seien an Elementarfunktionen nur der Vertrieb (Verkauf, Absatz) und die Beschaffung (Einkauf). Die – bereits als abgeleitet zu bezeichnende – Funktion der Vorratshaltung ist hier fernerhin zu nennen. Eine Lagerhaltung greift Platz an den Nahtstellen zwischen den einzelnen Funktionsbereichen und meist auch innerhalb der Transformationsphase zwischen dort existierenden Teilphasen. Diese Schrift wird sich auf eine Skizzierung der wesentlichsten Eigenheiten und ökonomischen Probleme des Erzeugungsbereichs industrieller Betriebe beschränken. Er genießt den Vorteil, daß die in ihm sich vollziehenden Leistungserstellungsprozesse meist zu sachlichen Leistungsergebnissen führen und die Prozeßabläufe dadurch ein relativ hohes Maß an Anschaulichkeit besitzen. Auf gewisse Anliegen von seiten der übrigen Funktionen wird hier nur insoweit eingegangen, als deren Ausstrahlungen bis in die Aufgabenstellungen der Erzeugung direkt hineinreichen.

Innerhalb des Erzeugungsbereichs fächert sich die generelle Funktion der Erzeugung grundsätzlich in eine Reihe (abgeleiteter) Teilfunktionen auf. Noch in einer recht engen Beziehung zur Elementarfunktion Absatz stellt sich zunächst die Aufgabe der *Programmgestaltung*. Sie zielt auf die Beantwortung der im Zeitablauf sich ständig neu stellenden Frage ab, was und wieviel erzeugt und auf dem Markt angeboten werden soll und kann. Hinsichtlich des Marktes sind dabei u. a. zu beachten der vorhandene oder auch der erst zu weckende Bedarf, spezifische Kundenwünsche, die Marktlage hinsichtlich der Preise und Nachfragemengen sowie die gegenwärtige und die künftige Konkurrenzlage. Zugleich beeinflußt aber auch das eigene Leistungsvermögen in quantitativer und qualitativer Hinsicht die Ausgestaltung des Erzeugungsprogramms nach Erzeugnisarten und Erzeugnismengen.

Nach Festlegung eines Erzeugungsprogramms ergibt sich die Aufgabe der *Verfahrenswahl*. Viele Leistungsziele sind häufig auf mehreren – technologischen – Wegen zu erreichen (z. B. Farbgebung von Blechen durch Streichen, Spritzen, Tauchen, elektrostatisches Nebeln oder Blechverbindungen durch Nieten, Schrauben, Schweißen, Bördeln). In solchen Fällen ist jeweils die Anwendung desjenigen Verfahrens anzustreben, das der Maxime wirtschaftlicher Leistungserstellung unter Berücksichtigung eventuell vorhandener Restriktionen am meisten gerecht wird. Hier ist »unter Erzeugungsverfahren die Art und Weise oder die Technik des Vorgehens zu verstehen, in der eine Erzeugungsaufgabe planvoll und in sich gleichbleibend und wiederholbar durchgeführt wird« [Riebel/L 103, S. 12 f.]. Dabei erstreckt sich der Begriff sowohl auf Elementarverfahren, wie z. B. Spachteln, Schmieden, Spannen und Montieren [s. Abbildung 4] als auch auf eine Kennzeichnung ganzer Verfahrenskomplexe, wie z. B. das Krack-Verfahren zur Benzingewinnung aus Rückständen der atmosphärischen Destillation oder das Oxygen-Blasstahl-Verfahren (Sauerstoff-Blasverfahren zur Stahlerzeugung). Beeinflußt wird die Verfahrenswahl sowohl vom Erzeugungsprogramm, dessen Zusammensetzung ebenfalls von einmal gewählten Verfahren determiniert wird, als auch von der Art, der Leistungsfähigkeit und der geplanten Beanspruchung des betrieblichen Erzeugungspotentials.

Zustand des Ausgangsmaterials	Erzeugungsverfahren (nach DIN 8580)					
	Urformen	Umformen	Trennen	Fügen	Beschichten	Stoffeigenschaft ändern
gasförmig dampfförmig			Destillieren Evakuieren	Füllen	Aufdampfen	
flüssig	Gießen		Waschen Zentrifugieren	Füllen	Drucken Anstreichen	Verdampfen Gefrieren
plastisch	Brennen Backen	Schmieden Walzen	Masse (Teig) teilen	Kneten	Spachteln	Schmelzen
fest pulvrig fest körnig	Sintern		Mahlen Sieben	Mischen	Bestäuben	
fest biegsam		Bügeln	Schneiden Stanzen	Wickeln Weben	Isolieren	
fest geometrisch bestimmt		Biegen	Sägen Hobeln	Verpacken Montieren	Platinieren	Härten
ionisiert	Galvanoplastik		chemisch abtragen		galvanisch überziehen	Transformieren

Abbildung 4: Systematisierung der Erzeugungsverfahren mit Beispielen

Als weitere abgeleitete Aufgabe zeigt sich diejenige der *Potentialgestaltung* im Sinne einer genauen Definition der einzusetzenden Produktionsfaktoren. Das betriebliche Erzeugungspotential wird von Zahl und Art der aggregierten *Produktionsfaktoren* sowie von der zweckbestimmten und termingerechten Güte der Aggregation bestimmt. Die Zweckbestimmtheit ergibt sich aus der Programmzusammensetzung und der Verfahrenswahl, die Termingerechtigkeit dagegen aus der zeitlichen Struktur der Erzeugungsprogramme. Aggregiert werden zum Zwecke der (technischen) Leistungserstellung drei Arten elementarer Faktoren, nämlich objektbezogene (menschliche) Arbeitskräfte (-leistungen) sowie Betriebsmittel als echte Potentialfaktoren und ferner Werkstoffe als sog. Repetierfaktoren [HEINEN / L 46, S. 223]. Die Funktion einer Koordinierung der einzusetzenden Produktionsfaktoren und der betrieblichen Teilbereiche obliegt ebenso wie die Aufgabe der Motivation dem Faktor »dispositive Arbeit« in der instantiellen Erscheinungsform der Betriebs- und Geschäftsleitung. Seine rationalen Aufgaben (derivative Faktoren) Planung und Organisation können auf dem Wege der Delegation nachgeordneten (Leitungs-)Instanzen übertragen werden. Die Potentialgestaltung erstreckt sich daher auf die termingerechte Beschaffung und/oder Bereitstellung der benötigten Produktionsfaktoren in qualitativer Sicht, auf die Schaffung der Voraussetzungen zur Erzielung optimaler Ergiebigkeit der Produktionsfaktoren und schließlich auf deren optimale (organisatorische) Kombination.

Eng verbunden mit der Aufgabe der Potentialgestaltung ist diejenige der *Materialbewirtschaftung*; sie steht ihrerseits in direktem Kontakt zur Potentialnutzung und somit zur Aufgabe der Prozeßgestaltung. Werkstoffe (Roh-, Hilfs- und Betriebsstoffe sowie Energie) sind keine Nutzungs- oder Gebrauchsfaktoren wie Arbeitskräfte und Betriebsmittel, sondern Verbrauchsfaktoren; bei ihnen werden deshalb – insbesondere bei arbeitsteiliger Erzeugung – die Aspekte raum-zeitlicher Zuordnung zu den echten Potentialfaktoren besonders relevant. Zur Materialbewirtschaftung zählen die Aufgaben der den qualitativen, quantitativen und temporalen Erfordernissen wirtschaftlicher Erzeugung entsprechenden Materialbeschaffung und das Lagerwesen, der physische und dispositive *Materialfluß* durch den Erzeugungsbereich und die termingerechte Materialbereitstellung bei den Potentialfaktoren.

Grundlage einer zielkonformen Materialwirtschaft sind daher die Bedingungen, welche durch die Potentiallokalisierung einerseits, die sie umgekehrt auch beeinflußt, und der *Prozeßgestaltung* anderseits geschaffen werden. Hier sind es insbesondere die temporalen Aspekte der physischen Leistungserstellung, an der zugleich die Ziele einer bestmöglichen Nutzung des Erzeugungspotentials und einer wenig Liegezeiten des Materials verursachenden Herstellung der einzelnen Erzeugnisse zu verfolgen sind. Weiterhin muß dem Auftreten von Planabweichungen beizeiten begegnet werden. Der letztgenannte Aspekt impliziert die Forderung nach einer Verknüpfung der planenden und anweisenden Tätigkeiten mit der ständigen *Kontrolle* der Erzeugungsprozesse im Hinblick auf ihre Plankonformität. Damit bilden Erzeugungsplanung und -kontrolle zusammen mit der ggf. eingreifenden Erzeugungs-(Fertigungs-)Steuerung einen gemeinsamen Instanzenkomplex: Ihm obliegt die Aufgabe wirtschaftlicher Prozeßplanung und Prozeßdurchführung.

Je nachdem, wie im einzelbetrieblichen Fall alle diese Aufgaben gelöst werden, ergibt sich zwingend eine Vielzahl von Strukturunterschieden zwischen einzelnen Branchen und auch innerhalb dieser zwischen den einzelnen Betriebswirtschaften. Wenn auch nicht zu verkennen ist, daß aus einer konkreten Einzellösung (z. B. der Programmgestaltung) in der Regel eine bestimmte Lösung anderer Aufgaben (z. B. der Potentialgestaltung) resultiert, so ist doch schon zu vermuten, daß es *den* Industriebetrieb schlechthin gar nicht geben kann. Hinter dieser Bezeichnung verbirgt sich vielmehr eine überaus reiche Fülle von industriebetrieblichen Erscheinungsbildern, in denen sich die »Buntheit des Lebens« bereits auf diesem engen Teilbereich einer speziellen Betriebswirtschaftslehre offenbart. Sie erschwert es aber auch vielfach, zu generellen Aussagen über erzeugungswirtschaftliche Bedingungen und Zusammenhänge zu gelangen [vgl. auch SCHÄFER/L 105, S. 9]. Ihre Behandlung setzt eine Typisierung der Industriebetriebe voraus.

3. Typisierung industrieller Leistungsstrukturen

Eine Typenbildung zielt unter bewußtem Verzicht auf eine Klassifizierung im Sinne der Bildung eines geschlossenen, eine zwingende Gliederung zeigenden Systems nur »auf ein Erfassen bedeutsamer Erscheinungsformen oder Gebilde ab«, indem sie mit charakterisierenden, sachbezogenen Merkmalen qualitativer Natur arbeitet und die Merkmale nicht in ein Verhältnis der Über- und Unterordnung setzt [SCHÄFER/L 105, S. 12 f.]. In diesem Sinne bietet sich eine Vielzahl von Unterscheidungsmerkmalen, die aus den Aufgabenkategorien resultieren und daher diesen auch zugeordnet werden können, auch für Industriebetriebe, an.

Aus dem Komplex der Programmwahl und speziell dem der – mengenunabhängigen – Erzeugnisauswahl folgt zunächst die beliebig zu differenzierende, ökonomisch aber weniger ergiebige, weil nur für den mit den jeweils maßgeblichen Verhältnissen Vertrauten, aussagefähige Einteilung nach *Branchen, Industriezweigen* oder *Wirtschaftsgruppen.* Ein Beispiel hierfür – eine detaillierte Gliederung findet sich in den Veröffentlichungen des Statistischen Bundesamtes – ist die Gruppierung in Tabelle 2 [S. 11]. Wirtschaftlich größeren Informationsgehalt dürfte dagegen die Unterscheidung nach der *Verwendung der Erzeugnisse* in Betriebe der Produktionsmittel- und der Konsumgüterindustrie besitzen. So ist bei Vernachlässigung des Aspektes, daß es Güter starren und solche – graduell unterschiedlich – elastischen Bedarfs gibt, bekannt, daß die Saisonabhängigkeit einer Branche in der Konsumgüterindustrie meist größer, die Konjunkturanfälligkeit hinsichtlich der Nachhaltigkeit ihrer Wirkungen dagegen kleiner ist als in der Produktionsmittelindustrie. Bei dieser Einteilung können sich allerdings hin und wieder Schwierigkeiten bei der Zuordnung einer Branche, wie z. B. der Zementindustrie, ergeben.

In einer gewissen Verbindung mit der Branche steht auch – teilweise nur entwicklungsbedingt – die Typisierung nach der *Absatzstruktur.* So geht bei einer auftragsorientierten Erzeugung (Kundenproduktion, open shop type), wie z. B. im Schiffs- und im Industrieanlagenbau, der Verkauf der Erzeugung zeitlich voran (Erzeugung auf Bestellung). Bei marktorientierter Erzeugung (Vorratsproduktion, closed shop type), wie z. B. in der Konserven- oder Mineralölindustrie, folgt der Verkauf einer nicht kundengebundenen Erzeugung hingegen zeitlich nach. Konsequenzen sind höhere Absatzrisiken, dafür aber die Chance gleichbleibender Kapazitätsauslastungen.

Dieselben Gesichtpunkte werden auch bei einer Typisierung nach der *Zusammensetzung der Erzeugung* relevant. Die Monokultur der *einfachen Erzeugung* (Einproduktbetriebe), wie sie z. B. in Elektrizitäts- und in Wasserwerken, aber ggf. auch bei Steinbrüchen, Kiesgruben und anderen Gewinnungsbetrieben zu beobachten ist, wird wegen der Transparenz des Erzeugungsprozesses und der Möglichkeiten, fertigungstechnisch nach dem Fließprinzip [s. S. 28 f.] zu arbeiten, allzu gerne als der »Traum« der Leiter von Erzeugungsbetrieben angesehen. Ist z. B. die Nachfrage nach solchen Gütern Schwankungen unterworfen, so sind damit Gefahren ungenügender Kompensationen in der Ertragsstruktur durch weitere Erzeugnisarten verbunden. Sie lassen sich teilweise durch eine *zusammengesetzte Erzeugung* (Mehrproduktbetriebe) auffangen. Je nach den erzeugungstechnischen Wechselbeziehungen zwischen den Erzeugnisarten ist – und daraus resultiert wieder die Notwendigkeit der Anwendung unterschiedlicher Kalkulationsformen im Bereich des Rechnungswesens – zu unterscheiden zwischen einer *unverbundenen Erzeugung* (z. B. Arzneien und Düngemittel) als dem häufigsten Fall, einer *Erzeugung von Kompensationsartikeln* (z. B. Landbearbeitungs- und Erntemaschinen), einer *konkurrierenden Erzeugung*, falls die Herstellung des einen Erzeugnisses (z. B. Speiseöl aus Flachs) zwangsläufig eine entsprechende Verminderung des Erzeugungsvolumens beim Konkurrenzprodukt (z. B. Leinen aus Flachs) bedingt, und schließlich die *verbundene Erzeugung* (Kuppelproduktion).

Kuppelprodukte sind mehrere verschiedene Erzeugnisse (Haupt- und Nebenerzeugnisse sowie ggf. noch zu verwertende Abfälle), die rohstoff- oder verfahrensbedingt zwangsläufig in ein und demselben Herstellungsprozeß erzeugt werden (z. B. Elektrizität und Dampf in Heizkraftwerken; Bier und Hefe in Brauereien; Roheisen, Schlacke und Gichtgas in Hochofenwerken). Lassen sich die Mengenverhältnisse der Kuppelprodukte zueinander in Grenzen beeinflussen, wie z. B. in Kokereien und Gaswerken durch eine Variation der Garungszeit, so liegt eine *elastische Kuppelproduktion* vor; lassen sich die Mengenverhältnisse dagegen nicht beeinflussen, wie z. B. bei der Chlor-Alkali-Elektrolyse, so wird von *starrer Kuppelproduktion* gesprochen [vgl. RIEBEL/L 102]. Die verbundene Erzeugung stellt nicht nur abrechnungstechnische Probleme der Kostenzurechnung, sondern zeigt auch vielseitige Fragestellungen in den Bereichen der Absatz- und Preispolitik [vgl. SCHNEIDER/L 110, S. 113 ff.]. Darüber hinaus bietet sie Aufgaben für die Forschung und Entwicklung im Hinblick auf die Verwertung überschüssiger Nebenerzeugnisse und/oder auf absatzkonforme Erzeugungsverfahren.

Aus dem Komplex der Verfahrenswahl sind zunächst einige vorwiegend technisch bedingte Einteilungskriterien hervorzuheben. Nach der *vorherrschenden Technologie* wäre zu unterscheiden zwischen Betrieben mit vorherrschend mechanischer Technologie (z. B. Maschinenbau), vorherrschend chemischer Technologie (z. B. Farbstofferzeugung; Hochofenprozeß), ggf. vorherrschend biologischer Technologie (z. B. Brauerei) und vorherrschend energetischer Technologie (z. B. Elektrizitätswerke). – Determiniert das Erzeugungsprogramm sowohl nach Art als auch nach Mengen die Erzeugungsbreite eines Industriebetriebes, so bestimmt der Aspekt der Verfahrenswahl unter Einbeziehung des Problems von Eigenfertigung und Fremdbezug die Erzeugungstiefe oder m. a. W. die *Zahl der Erzeugungsstufen* (Arbeitsgänge, Produktionsabschnitte), die in einem Industriebetrieb für ein Erzeugnis nötig sind. Werden als Erzeugungsstufen diejenigen (größeren) Bereiche angesehen, innerhalb deren eine einheitliche Technologie Anwendung findet, so lassen sich einstufige und mehrstufige Betriebe unterscheiden. Dabei wird über die Stufenzahl letzterer noch keine Aussage getroffen. So sind Ziegeleien meist einstufig, Zellstoff- und Papierfabriken oder Maschinenfabriken mit eigener Gießerei zweistufig, Spinnwebereien mit Färbereien oder einer Stoffdruckerei beispielsweise dreistufig und Hüttenwerke mit Hochofen-, Stahl- und Walzwerk sowie einer Maschinen- oder Waggonfabrik gar vierstufig.

In enger Beziehung zur Verfahrenswahl stehen ebenfalls die Auflagengrößen als Typisierungskriterium. Hier zeigen sich Strukturunterschiede nach Maßgabe des Umfangs, in dem das *Gesetz der Massenproduktion* – formuliert 1910 von K. BÜCHER – in einem Industriebetrieb verwirklicht wird. Mit der globalen Beziehung [s. auch Abschnitt IV. 2.]

$$\text{Stückkosten} = \frac{\text{auflagenfixe Kosten}}{\text{Erzeugungsmenge}} + \text{variable Stückkosten}$$

zeigte BÜCHER nicht nur die mit steigender Auflagengröße sinkende Tendenz der Stückkosten, sondern er gewann mit ihr unter anderem auch die Erkenntnis, daß von einer bestimmten »kritischen Menge« an die Stückkosten durch die Anwendung eines anderen, technisch vollkommeneren Verfahrens trotz absolut steigender Fixkosten weiter gesenkt werden können.

Je nach der Struktur der *Auflagengrößen* gibt es Betriebe (Produktionstypen) mit Massen-, Serien- und Einzelfertigung. Merkmal der Massenfertigung sind relativ große Erzeugungsstückzahlen, welche die Wirkungen des Gesetzes der Massenproduktion voll zur Geltung bringen. Bei der gleichbleibenden *Massenfertigung* (z. B. in einem Kraftwerk) und bei der zeitlich wechselnden Massenfertigung (z. B. bei der Pkw-Fertigung) sind die Erzeugnisse gleichartig; bei letzterer treten Änderungen nur gelegentlich auf, wenn das Erzeugnis der technischen Entwicklung oder einem Geschmackswandel angepaßt wird. Bei der sortierten (wechselnden) Massenfertigung, der *Sortenfertigung*, werden Erzeugnisunterschiede (z. B. in den Abmessungen von Walzwerkerzeugnissen) bewußt herbeigeführt, doch bleibt deren Verwandtschaft zueinander erhalten. Sie zeigt sich in einem nach Arten, Güten, Größen u. ä. gegliederten Leistungsangebot (Katalog), das über längere Zeiten unverändert bleibt. In der Herstellung werden dann mehr oder weniger häufig Sortenwechsel vollzogen und die gerade nicht gefertigten Erzeugnisse jeweils vom Lager verkauft. Bei der *Partie- und Chargenfertigung*, wie z. B. in (Edel-)Stahlwerken, Spinnereien und Färbereien, treten dagegen die Sortenunterschiede infolge ungleichartiger Ausgangsmaterialien oder unvollständiger Beherrschung der Erzeugungsprozesse ungewollt auf. Auch hier ist ein – eventuell differierendes – Leistungsprogramm vorhanden; absolute Gleichheit kann aber stets nur für die zu einer Charge (Partie) gehörenden oder aus einer solchen entstandenen Erzeugnisse gewährleistet werden. Deswegen ist bei ihrer Herstellung und Lagerung stets eine exakte Trennung der Chargen, eine organisatorische Vermeidung von Restposten und eine größere Lagerhaltung nötig. – Die *Einzelfertigung* (z. B. im Großmaschinenbau) ist das Gegenstück der Massenfertigung. Bei ihr wird die Wirkung des Gesetzes der Massenproduktion völlig außer Acht gelassen. Jedes Erzeugnis wird im Prinzip nur einmal hergestellt, selbst wenn gelegentlich Wiederholungen vorkommen und eine Unterscheidung zwischen einmaliger, erstmaliger und wiederholter Einzelfertigung bedingen [vgl. ELLINGER/L 30, S. 71]. Das Leistungsprogramm ist hier durch ein Höchstmaß an Verschiedenartigkeit geprägt, und es wird nur durch die Art des Produktionspotentials begrenzt. Die höheren Stückkosten, welche bei Großobjekten vielfach mangels einer Vergleichsbasis zur Massenfertigung unbeachtet bleiben und nur an den Preisen der Konkurrenz gemessen werden, finden bei diesem Produktionstyp ihre Kompensation in einer größeren betrieblichen Elastizität. Sie erlaubt es, sich speziellen Kundenwünschen anzupassen. – Mit der *Serienfertigung* schließlich wird eine Verknüpfung der Vorteile von Massen- und Einzelfertigung dort angestrebt, wo die Absatzlage keine genügend großen Auflagenzahlen zuläßt. Serienfertigung kennzeichnet die Erzeugung einer beschränkten Zahl einheitlicher Erzeugnisarten; das Leistungsprogramm stellt einen Rahmen dar, innerhalb dessen die Details von Fall zu Fall festgelegt werden. Die Serie trägt dabei ebenso wie der Einzelauftrag bei Einzelfertigung »den Stempel des Veränderlichen« an sich [MELLEROWICZ/L 84, S. 313]. Je nach der Seriengröße wird zwischen Kleinserienfertigung (z. B. im Werkzeugmaschinenbau) und Großserienfertigung (z. B. Schirmgestellfertigung) differenziert. Auf die Auswirkungen, die sich aus dieser Typisierung für die Potentialgestaltung und Ablaufplanung ergeben – die kalkulatorischen Konsequenzen werden ausgeklammert –, wird noch eingegangen werden.

Von den Ausstrahlungen auf die Potentialgestaltung spiegeln

sich einige bei der Typisierung der Industriebetriebe nach den *benötigten Arbeitskräften* wider. So erlaubt beispielsweise die Massen- oder auch die Großserienfertigung den Einsatz vorwiegend angelernter oder gar ungelernter Arbeitskräfte (z. B. in Zwirnereien), während Einzel- und Kleinserienfertigung eine Belegschaft aus gelernten oder gar hochqualifizierten Facharbeitern voraussetzen (z. B. Vorrichtungs- u. Werkzeugbau). Die körperliche Beanspruchung des Arbeitsvollzuges und ein nötiges Fingerspitzengefühl führen zur Ausprägung von typischen Männerindustrien (z. B. eisenschaffende Industrie) und typischen Frauenindustrien (z. B. Textilindustrie). – Wird das Augenmerk im Rahmen der Potentialgestaltung auf die *Vermögensstruktur* gelenkt, so bietet sich folgende Typisierung an: Betriebe sind anlagenintensiv (z. B. chemische Industrie), vorratsintensiv (z. B. Zuckerindustrie) oder eventuell auch forderungsintensiv (z. B. Brauwirtschaft). Dient die *Kostenstruktur* als Typisierungsmerkmal, so zeigen sich materialintensive Betriebe (z. B. Getreidemühlen mit 80% Materialkosten, bezogen auf den Bruttoproduktionswert), lohnintensive Betriebe (z. B. Feinkeramik mit ca. 35% Lohnkosten bei einem Durchschnitt für die Gesamtindustrie von etwa 22%), anlagekostenintensive Betriebe (z. B. Mineralölverarbeitung oder auch Zementindustrie) und eventuell auch werbekostenintensive Betriebe (z. B. kosmetische und Getränke-Industrie).

Die Typisierungsmerkmale, die schließlich aus der Aufgabe der Materialfluß- und der Prozeßgestaltung resultieren, knüpfen an organisatorischen Lösungskonzepten an. Mit ihnen werden im Hinblick auf einen klaren und kurzen Materialfluß bei gleichzeitiger Beachtung der betrieblichen Elastizität hinsichtlich möglicher Änderungen des Erzeugungsprogramms die einzelnen Erzeugungsstufen räumlich und zeitlich verknüpft. *Organisationstypen* sind die nach dem *Verrichtungsprinzip* ausgerichtete Werkstattfertigung (job shop type) und die nach dem *Prozeßfolgeprinzip* orientierte Fließfertigung (flow shop type) als einander polare Typengruppen sowie die gemischte Fertigung in beliebiger Ausprägung. – Bei der *Werkstattfertigung* paßt sich der – von Erzeugnis zu Erzeugnis meist wechselnde – Materialfluß den Gegebenheiten einer räumlichen und kaum veränderlichen Werkstättenlokalisierung an. Dabei erfolgt die Werkstättenbildung meist nach Gleichheit der Funktionen, um eine weitgehende Spezialisierung des Werkstattpersonals zu erreichen. Die Werkstücke müssen jedesmal zu ihrer Bearbeitung in die jeweils zuständige Werkstatt transportiert werden. Der Spezialisierung und hohen

Elastizität stehen daher in der Regel hohe Materialflußkosten entgegen. Die Werkstattfertigung erweist sich nur dann als eine geeignete Organisationsform, wenn eine stets variierende Auftragsstruktur (z. B. bei Einzelfertigung) nicht einmal Grundzüge eines vorwiegenden Materialflusses zu erkennen gibt. Werden die Wahrscheinlichkeiten für den Übergang von einer Fertigungsstelle i auf die nächste j (mit i, j = 1, 2, 3 ... m, m + 1) jeweils in einer (m + 1) × (m + 1)-Matrix abgebildet und kommt diese der Struktur der Matrix B nahe, so wäre die Werkstattfertigung die äquivalente Organisationsform. Als Variante der Werkstattfertigung sei wegen der an sich meist gleichartigen Problemstellungen noch die *Baustellenfertigung* erwähnt, bei der – vorwiegend infolge mangelnder Transportfähigkeit oder Geeignetheit des Werkstückes – nicht das Material zu den Arbeitsstellen gebracht wird, sondern sich die Arbeitskräfte mit den Betriebsmitteln zum Zwischenerzeugnis begeben (z. B. Hoch- und Tiefbau, Lokomotivmontage).

Matrix A: Fließfertigung

i \ j	1	2	3	...	m	m+1
1	0	1	0	...	0	0
2	0	0	1	...	0	0
3	0	0	0	...	0	0
.	.	.	.		.	.
.	.	.	.		.	.
.	.	.	.		.	.
m–1	0	0	0	...	1	0
m	0	0	0	...	0	1
m+1	0	0	0	...	0	0

Matrix B: Werkstattfertigung

i \ j	1	2	3	...	m	m+1
1	0	1/m	1/m	...	1/m	1/m
2	1/m	0	1/m	...	1/m	1/m
3	1/m	1/m	0	...	1/m	1/m
.	.	.	.		.	.
.	.	.	.		.	.
.	.	.	.		.	.
m–1	1/m	1/m	1/m	...	1/m	1/m
m	1/m	1/m	1/m	...	0	1/m
m+1	1/m	1/m	1/m	...	1/m	0

Bei der *Fließfertigung*, der ein Materialfluß äquivalent ist, wie er sich in Matrix A im günstigsten Fall widerspiegelt, werden die für den Erzeugungsprozeß nötigen Potentialfaktoren räumlich entsprechend der Abfolge der Bearbeitungsgänge aneinandergereiht. Da räumliche Umstellungen der Betriebsmittel regelmäßig längere Zeiten benötigen und zugleich Umstellungskosten sowie Leistungsausfälle verursachen, entspricht dieser Organsationstyp insbesondere der Massen- und Großserienfertigung. Die mit ihm verbundene geringe Elastizität bei Programmänderungen läßt sich durch Einsparungen an Materialflußkosten in gewissem Sinne kompensieren. Je nach der Starrheit (Zeitzwang) der Produktabfolge an den einzelnen Arbeitsstellen und deren integrativer Verknüpfung mit den vor- und nachgeschalteten Stellen spannt sich der Rahmen der Fließfertigung von der verfahrenstechnisch bedingten natürlichen Fließfertigung (*Zwangslauffertigung* nach KALVERAM), wie insbesondere bei chemischen Prozessen, bis hin zu technisch verketteten Maschinen und zur automatisierten Fließfertigung bei Einsatz von *Transferstraßen* (z. B. zur Motorblockbearbeitung). Hier findet die Erzeugungstechnik für technisch ausgereifte und in großen Stückzahlen zu fertigende Erzeugnisse ihre höchste Entwicklungsstufe. Zur Fließfertigung zählen damit aber auch die künstliche, organisierte Fließfertigung in den Erscheinungsformen der nicht vollständig gebundenen Fließfertigung, die auch *Reihen-, Straßen- oder Linienfertigung* genannt wird, und die durch spezielle Transporteinrichtungen räumlich und gegebenenfalls auch zeitlich gebundene Fließfertigung, die als Fließfertigung im engeren Sinne oder als *Fließbandfertigung* ohne und mit Zeitzwang (Taktverfahren) angesprochen wird. Nähere Einzelheiten über die Organisationstypen siehe u. a. bei ARNOLD u. a. / L 7, S. 70 ff.; BERGER / L 134; BÖHRS / L 16, S. 186 ff.; GROCHLA / L 40, S. 50 ff.; HENNIG / L 48, S. 57 ff.; KALVERAM / L 56, S. 46 ff. u. S. 285 ff.; MELLEROWICZ / L 84, S. 314 ff.; SCHÄFER / L 105, S. 158 ff.

III. Erzeugnisse als materielle Leistungsergebnisse

1. Entwicklung industrieller Erzeugnisse

Das marktliche Leistungsangebot aller Typen industrieller Betriebe besteht in der Regel aus mehreren Erzeugnisarten. Absatzwirtschaftliche Erfolgsdeterminanten mit erzeugungswirtschaftlichen Konsequenzen sind daher die Zusammensetzung und Breite des Leistungsangebots einerseits und die qualitativen Konzeptionen der Erzeugnisarten anderseits. Wertmaßstäbe für die qualitativen Konzeptionen sind insbesondere der Stand der technischen Entwicklung und die herrschende Geschmacksausrichtung der Verbraucher. Beide sind im Zeitablauf Wandlungen unterworfen, so daß die Gestaltung industrieller Leistungsangebote eine kinetische Aufgabe ist: Der industrielle Betrieb muß sich den Änderungen der Leistungsangebote seitens der Konkurrenz anpassen oder gar selbst mit neuen oder zumindest verbesserten Konzeptionen (Pioniererfindungen bzw. Variations-, Verbesserungs-, Konstruktions-, Entwicklungserfindungen) [vgl. GUTENBERG / L 44, S. 381; SABEL / L 171] am Markt vorstoßen.

Die Wege zu beiden Verhaltensweisen setzen nicht nur entsprechende Fähigkeiten, sondern auch die Gewinnung der nötigen Kenntnisse voraus. Wissen kann – durch Publikationen – allgemein zugänglich, es kann auch, und dieser Fall ist meist nur relevant, knapp sein. In dem letztgenannten Fall läßt es sich, falls es anderenorts schon gewonnen wurde, aber nicht allgemein zugänglich ist (z. B. bei Patentschutz), erwerben durch Kauf (Lizenznahme, Patentaustausch u. ä.) oder durch eigene »Wissensproduktion«, d. h. durch Forschung und Entwicklung.

Forschung ist methodisches, systematisches und nachzuprüfendes Suchen nach Problemlösungen. Diese können sich auf Erzeugnisse und (Erzeugnis-)Systeme, auf Materialien (Vorprodukte) und Verfahren oder auf die Anwendung von Erzeugnissen erstrecken [s. Abbildung 5]. Sowohl funktional als auch institutionell gliedert sich der Komplex Forschung und Entwicklung in mehrere, von ihren Problemstellungen und Konsequenzen her unterschiedliche Phasen. *Grundlagenforschung* ist »Forschung, die überwiegend nicht an dem Ziel einer praktischen Anwendbarkeit orientiert ist«, obwohl sie auch als anwendungsorientierte Grundlagenforschung (Zweckforschung) vorkommen kann, wenn ihre Themenwahl praktische Bedeutung besitzt. *Angewandte Forschung* ist dagegen »überwiegend an dem Ziel einer praktischen Anwendbarkeit ihrer Ergebnisse orientiert«, während *Entwicklung* gedeutet wird als »zweckgerichtete Auswertung und Anwendung von Forschungsergebnissen und Erfahrungen vor allem technologischer und ökonomischer Art, um zu Systemen, Verfahren, Stoffen, Gegenständen und Geräten zu gelangen (Neuentwicklung) oder um bereits vorhandene zu verbessern (Weiterentwicklung)«. Die *Erprobung* dient »zur Feststellung der Eigenschaften im Sinne des Entwicklungszieles« und ist insofern ein Teil der Entwicklung, deren letztes Ziel die Fertigungsreife der Erzeugnisse und Verfahren ist (Definitionen nach Bundesbericht Forschung II des Bundesministers für wissenschaftliche Forschung, o. O., 1967, S. 5).

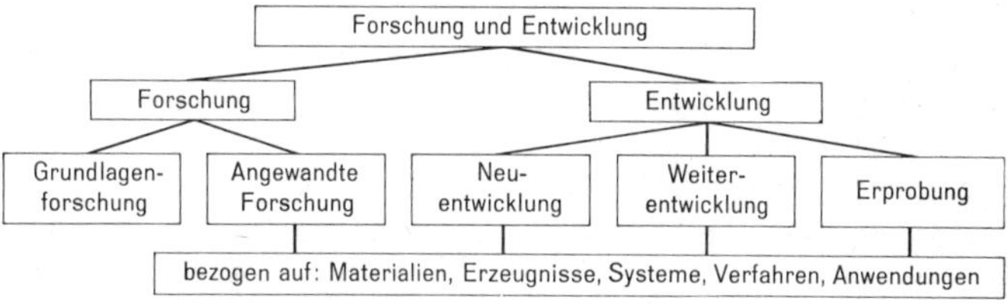

Abbildung 5: Phasen erzeugungs- und erzeugnisorientierter Forschung und Entwicklung

Eine spezielle Erscheinungsform der Entwicklung zeigt sich in den meisten Betrieben der verarbeitenden Industrie in der *Konstruktion und Berechnung.* Konstruieren kennzeichnet das Ersinnen und Dimensionieren von Erzeugnisteilen, Erzeugnissen und Erzeugniskomplexen (Systemen) und ihre anschauliche Darstellung (Codierung) in DIN-gerechten Ausdrucksformen [s. S. 39] als Konstruktionszeichnungen und gegebenenfalls unter Beifügung von Stücklisten. Bei der Konstruktion kann es sich um ausgesprochen schöpferische, aber auch um vorwiegend repetive Leistungen handeln. Daher ist zwischen Neukonstruktionen, Umkonstruktionen (Erzeugnisvariantenkonstruktionen) und Anpassungskonstruktionen zu unterscheiden. Die Zeichnung als Konstruktionsergebnis ist die Verbindung zwischen einer Idee und dem fertigen Erzeugnis, die Übersetzung der Idee in den Formalismus des Erzeugungsbereichs. Die Berechnung ist daher vielfach integrierter Bestandteil der Konstruktion, sie wird aber in verschiedenen Industriezweigen (z. B. Stahlbeton- und

Stahlbau, elektrotechnische und optische Industrie) wegen ihrer erheblichen Bedeutung auch als eine eigenständige Funktion geführt.

Ergebnisse von Forschung und Entwicklung sind *Erfindungen* (inventions), deren Durchsetzung (als innovations nach SCHUMPETER) am Markt eine hier nicht weiter zu verfolgende absatzwirtschaftliche Aufgabe für dynamische Industriebetriebe ist. Erfindungen sind in der Gegenwart kaum noch Zufallsprodukte, sondern Resultate spezifischer Erzeugungsprozesse, die sich in Industriebetrieben bei *Eigenforschung* neben den primären Leistungserstellungsprozessen vollziehen. Für den Fall ungenügender oder gar fehlender betriebseigener Forschungsmöglichkeiten bietet sich auch eine Fremd-»Produktion« an, und zwar in der Form von betriebsexterner *Auftragsforschung* oder der kooperativen *Gemeinschaftsforschung*. Erstere vollzieht sich in erwerbswirtschaftlich oder auch gemeinnützig arbeitenden Forschungsstätten (z. B. im Battelle-Institut/Frankfurt a. M. oder in Hochschulinstituten), letztere in industriellen Forschungsvereingungen, von denen z. B. das Jahrbuch 1973 der AIF-Arbeitsgemeinschaft industrieller Forschungsvereinigungen e. V., Köln, für die Bundesrepublik Deutschland 76 industrielle Forschungsvereinigungen als ordentliche Mitglieder ausweist. Ohne auf die mit betriebsexterner und kooperativer Forschung verbundenen Probleme weiter einzugehen, läßt sich für die Gegenwart folgendes feststellen: Aus der Erkenntnis heraus, daß die größte Erfindung des 19. Jahrhunderts die Erfindung der Methodik des Erfindens gewesen sei (häufig anzutreffender Hinweis in der amerikanischen Literatur), werden heute Erfindungsprozesse unter gleichzeitiger zweckvoller Bewirtschaftung der knappen Mittel im Hinblick auf die Erzielung höchster Wirtschaftlichkeit geplant, überwacht und gesteuert. Anderseits werden aber auch teilweise schon recht erhebliche Beträge in Forschungs- und Entwicklungsvorhaben »investiert«, die sich bestenfalls nur langfristig amortisieren. So wenden forschungsintensive Betriebe, wie z. B. die der deutschen chemischen Industrie, durchschnittlich 5% und in Einzelfällen sogar bis zu 9% und die der elektrotechnischen Industrie durchschnittlich 7–8% vom Umsatz für Forschung und Entwicklung auf; der Durchschnitt für die gesamte deutsche Industrie betrug im Jahr 1964 allerdings nur etwa 0,9% [USA 1959: 4,2% lt. SCHÄTZLE/L 107, S. 150f.].

Es liegt daher nahe, den Forschungsprozeß ebenso wie industrielle Erzeugungsprozesse zwecks effizienterer Gestaltung wissenschaftlich zu durchdringen. Trotz zahlreicher Ansätze und einer wahren Flut von Publikationen zum Komplex von Forschung und Entwicklung sind fundierte Aussagen hierzu noch immer recht spärlich geblieben. Zu den Schwierigkeiten einer produktionstheoretischen Durchdringung dieser als Einzelfertigung mit starken gedanklichen Einschlägen zu apostrophierenden und mit überaus großen Risiken der Zielerreichung behafteten Leistungserstellungsprozesse – von DuPont wird berichtet, daß 95% der Projekte, welche 80% des Forschungsbudgets beanspruchten, zu keinem Ergebnis führten [CHORAFAS/L 25, S. 31] – hat SCHÄTZLE [L 107] eingehend Stellung genommen. Organisatorische Problemstellungen fanden dagegen schon stärkere Berücksichtigung [vgl. u. a. BLAKE/L 14; BRUGGMANN/L 20; COLLINSON/L 27; KÖLBEL/SCHULZE/L 146; MELLEROWICZ/L 82] ebenso wie investitionstheoretische und abrechnungstechnische Fragestellungen, die den Forschungs- und Entwicklungsbereich betreffen.

Die Kenntnis der risikoreichen Forschungs- und der hinsichtlich ihrer Erfolgssicherheit schon transparenteren Entwicklungsprozesse, ihrer Zeitbedarfe, Beschleunigungsmöglichkeiten, Aufwandswirksamkeiten usw. wäre Voraussetzung für eine erfolgversprechende Produktions- und Absatzpolitik. So werden nämlich bei verspäteter Einführung eines geänderten (verbesserten) Erzeugnisses am Markt, welches ein früheres ähnliches substituieren soll, Umsatzeinbußen ebenso auftreten wie Umsatzverzichte bei einer zu frühen Einführung, falls die *Umsatzerwartungskurven* (Umsatz $U_i(t)$ pro Erzeugnisart i und Periode t) ausgeprägte *Lebenszyklen* mit einer Einführungsphase P_E, einer Ausbreitungsphase P_A, einer Phase der Marktsättigung P_S und einer Verdrängungsphase P_V widerspiegeln [s. Abbildung 6]. Für eine Reihe zeitgebundener Erzeugnisarten sind solche Kurven bisher empirisch ermittelt worden. Anzustreben sind Erzeugnisfolgen gemäß Abbildung 7.

Informationen über technologische Verfahren und Erzeugnisse können nun, wie die Lebensdauerzyklen zeigen, zwar nicht wie andere Güter in Erzeugungsprozessen verbraucht oder abgenutzt werden. Sie werden aber, sobald eine Erfindung gewerblich verwertet wird, zwangsläufig der Konkurrenz bekannt. Diese wird versucht sein, sie ihrerseits nutzbringend zu verwerten, wodurch die Monopolrenten des Neuerers geschmälert würden. Solche sind auch volkswirtschaftlich wegen des Strebens nach einer optimalen Versorgung der Bevölkerung durch weitestgehende Unterstützung des technischen Fortschritts unerwünscht. Anderseits sind sie aber nötig, um Impulse für den technischen und wirtschaftlichen Fort-

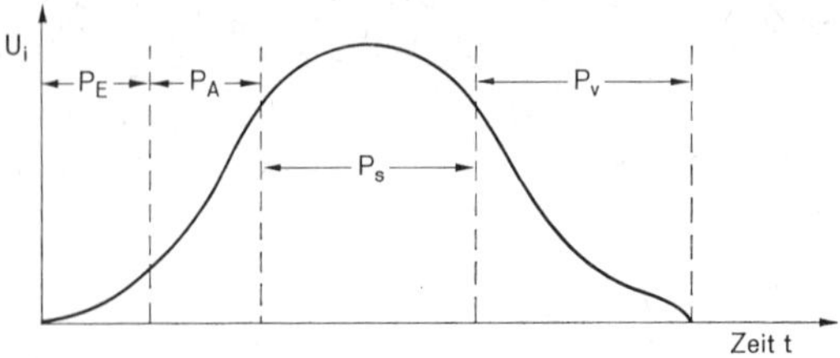

Abbildung 6: Umsatzerwartungskurve für ein Erzeugnis

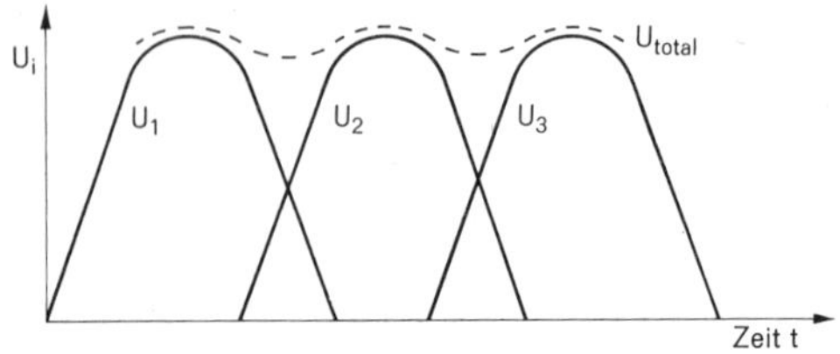

Abbildung 7: Umsatzerwartungskurve für eine Erzeugnisfolge

schritt in der Weise zu ermöglichen, daß dem Neuerer das Erzielen einer Monopolrente zugestanden wird. Aus diesen Überlegungen heraus wird trotz dieses inneren Widerspruchs (paradox of patents) in den meisten Industriestaaten ein zeitlich begrenzter *Erfindungsschutz* staatlicherseits gewährt und gewährleistet. Industriebetriebe haben deshalb die Möglichkeit, ihre gewerblich zu nutzenden Erfindungen durch Erwerb entsprechender Rechtstitel vor einer ihre Interessen schädigenden Auswertung durch die Konkurrenz zeitlich befristet schützen zu lassen.

Rechtstitel sind das Patent, das Gebrauchsmuster und das Geschmacksmuster. Ein *Patent* ist [vgl. auch § 1 PatG v. 2. 1. 1968] eine Urkunde, die für eine neue, dem Gebiet der Technik angehörende, ausgereifte (fertige), zu offenbarende und gewerblich zu verwertende Erfindung (für die Bundesrepublik Deutschland durch das Deutsche Patentamt in München) erteilt wird. Es gibt sowohl einen Erzeugnis- als auch einen Verfahrensschutz in Form von Haupt- und Zusatzpatenten. Bei Patentgebühren, die mit der Laufzeit progressiv steigen, wird der Schutz bis zu maximal 18 Jahren gewährt. *Gebrauchsmuster* (sog. Kleines Patent) sind [vgl. GebMG v. 2. 1. 1968] neue, das heißt in öffentlichen Druckschriften noch nicht beschriebene und im Inland offenkundig noch nicht vorbenutzte Muster von Arbeitsgerätschaften oder Gebrauchsgegenständen, die durch ihre Gestaltung, Anordnung oder Vorrichtung zu praktischen technischen Zwecken dienen sollen, ohne patentfähig zu sein. Die ebenfalls vom Deutschen Patentamt in München gewährte Schutzfrist beträgt maximal 6 Jahre. *Geschmacksmuster* sind [vgl. GeschMG v. 11. 1. 1876] auf den Geschmackssinn wirkende flächige oder plastische Modelle als Vorbilder für die Gestaltung von Industrieerzeugnissen. Ein solcher Schutz wird von den Amtsgerichten bis zu maximal 15 Jahren erteilt.

Alle diese Schutzrechte fördern nicht nur die Forschungs- und Entwicklungstätigkeit industrieller Betriebe, sondern geben diesen auch die Möglichkeit individueller Schutzrechtspolitik und -auswertung. Forschung und gewerblicher Rechtsschutz bilden, sobald ihre Wirtschaftlichkeit zur Frage steht, eine Einheit. Trotzdem ist es statthaft, zumindest auf die wesentlichsten Fragen hinzuweisen, die sich im Rahmen einer bewußten *Schutzrechtspolitik* stellen [vgl. auch HENNIG / L 48, S. 33 ff.]: Soll mit Rücksicht auf die Informationswirkungen, welche mit Patenanmeldungen für die Konkurrenz verbunden sind, ein Schutzrecht überhaupt und gegebenenfalls in welchem sachlichen und räumlichen Bereich angestrebt werden? Wann soll ein Rechtsschutz beantragt und für welche Zeitdauer soll er aufrechterhalten werden? Sollen mit anderen Unternehmungen Lizenz- oder Patentaustauschverträge überhaupt und unter welchen Bedingungen abgeschlossen oder Patentgemeinschaften eingegangen werden?

Das Problem der Verwertung gewerblicher Schutzrechte greift folglich über den betriebsinternen Bereich hinaus und mündet z. B. in die Fragestellung ein, ob die Erträge aus einer – selbst nur beschränkt oder überhaupt nicht zu nutzenden – Erfindung nicht durch Lizenzvergabe gesteigert werden können, wie sich umgekehrt die Lizenznahme als Alternative zur Eigenforschung zeigte. *Lizenzen* sind eine Erlaubnis, die der Inhaber (Lizenzgeber) eines Patents oder Gebrauchsmusters an einen anderen (Lizenznehmer) erteilt, das geschützte Rechtsobjekt zu nutzen. Dies geschieht meist gegen ein entsprechendes Entgelt und vielfach auch unter Begründung einer Pflicht, den Lizenznehmer zu unterweisen. Lizenzverträge zeigen vielseitige Ausgestaltungsformen, die sich je nach dem Grad der Freiwilligkeit der Lizenzvergabe, nach deren Ausschließlichkeit, nach dem – gegebenenfalls räumlich, zeitlich und/oder persönlich zu beschränkenden – Verwertungsrecht und nach der Art der »Gebühren«-Bemessung ergeben. In Ausnahmefällen werden Lizenzen auch auf noch nicht geschützte Erfindungen vergeben.

2. *Aspekte rationaler Erzeugnisgestaltung*

Ein im Rahmen des Entwicklungsprozesses konzipiertes Erzeugnis wird wohl weitgehend den Vorstellungen seiner Schöpfer entsprechen; ohne Beachtung gewisser Forderungen, die von anderen Seiten an das Erzeugnis gestellt werden, ist es aber keineswegs sicher, daß ein solches Konzept allen Erwartungen entsprechen wird und von vornherein Anspruch darauf erheben kann, als ausgereift und optimal zu gelten. Da fast jedes Erzeugnis zum Zwecke des Absatzes erstellt wird – Ausnahmen bilden nur die Erzeugnisse für den betriebseigenen Verzehr oder Gebrauch –, muß es den Belangen sowohl des Absatzbereichs als auch denen des Erzeugungsbereichs in Form eines Kompromisses weitgehend gerecht werden. Materialart und konstruktive Ausprägung determinieren über die Anforderungen an den Erzeugungsprozeß die Höhe der Kosten. Funktion und Aussehen beeinflussen dagegen über eine Nutzenstiftung beim Verbraucher neben der abzusetzenden Menge den zu erzielenden Preis. Im übrigen vergleiche dazu CHMIELEWICZ / L 24 und SISKOW / L 117.

Die technische, physiologische oder psychologische *Funktion* eines Erzeugnisses bestimmt primär den *Grundnutzen* (Hauptnutzen) als Ge- oder Verbrauchsnutzen; er resultiert aus der technisch-funktionellen Zweckbestimmung des Erzeugnisses. Die Beispiele hierfür sind überaus zahlreich; genannt seien nur in einer wertungsfreien Aufzählung einige Begriffe zur Verdeutlichung, wie Funktionsfähigkeit bei Haushaltsmaschinen, Bequemlichkeit bei Kleidung, Gießfähigkeit und Tropfsicherheit bei Kaffeekannen, Pflegeleichtigkeit bei Hemden, Lichtechtheit bei Stoffen, Gewicht bei Flugzeugen, aber auch Wirtschaftlichkeit in der Anwendung und ausreichende Lebensdauer sowie Bedienungsgerechtigkeit bei jeder Art von Maschinen. Das *Aussehen* und die Form stiften vielfach beim Verbraucher einen *Zusatznutzen* (Ergänzungsnutzen). Damit ist eine geistig-seelische Nutzenstiftung gemeint, die aufgrund bestimmter Erzeugniseigenschaften über die Nutzenstiftung der Grundfunktion hinausgeht. Solche Erzeugniseigenschaften werden durch Attribute, wie schnittig (Kraftwagen), zierlich (Schmuck), lustig (Spielzeug), elegant (Kleidung) u. a. m., zum Ausdruck gebracht [Einzelheiten siehe u. a. bei GERTH / L 36, S. 35 ff.]. Soweit die Form keine *Zweckform* sein muß wie bei Schrauben, Bohrern, Zahnrädern usw., sondern als *freie Form*, wie z. B. bei Lampen, anzusprechen ist, wird deren an Geschmacks- und Gefühlsmotive appellierende Konzeption in der Industrie zunehmend Spezialisten, wie Formgestaltern, Stilisten und Direktricen, übertragen. Gleichzeitig wird aber auch versucht, das Erzeugnis mittels typischer Stilelemente als Werbeträger für sich und seinen Erzeuger vorzusehen. Mit anderen Worten wird versucht, ihm eine *Informationsfunktion* beizulegen, die Existenz-, Herkunfts- und/oder Qualitätsinformation sein kann [vgl. ELLINGER/L 138, S. 253 ff.].

Ebenso vielseitig, wie die absatzorientierten Aspekte Funktion und Aussehen sind, ebenso zahlreich sind auch die *erzeugungstechnischen Bestimmungsgrößen* für die Erzeugnisgestaltung. Das Postulat der Bearbeitungsgerechtigkeit impliziert beispielsweise die Vermeidung unzweckmäßiger Formgebung der Bearbeitungsflächen und Erzielung leichter Zugänglichkeit der Bearbeitungsstellen an festen geometrisch bestimmten Erzeugnissen; die Forderung nach Materialwirtschaftlichkeit weist darauf hin, daß z. B. übergroße Abmessungen, Formen und Gewichte, übermäßige Materialzugaben (als Sicherheitszuschläge zwecks Gewährleistung einer erforderlichen Festigkeit) und unnötige Härtegrade beim ausgewählten Werkstoff zu vermeiden sind. Mit Angemessenheit der benötigten Arbeitszeiten werden insbesondere die verlangten Oberflächengüten und die Präzisionsanforderungen an Abmessungen einschließlich von Toleranzen angesprochen sowie die Genauigkeitspostulate bei Mischungs- oder Legierungsverhältnissen. Diese Forderungen lassen sich noch durch zahlreiche andere, wie z. B. Stapelfähigkeit, Verpackungs- und Transportgerechtigkeit, ergänzen. Sie alle schlagen sich schließlich in den Herstellkosten nieder, so daß für sie generell auch das *Prinzip herstellkostengerechter Erzeugnisgestaltung* formuliert werden kann [vgl. auch KESSELRING/L 60].

Wird nun noch berücksichtigt, daß unklare oder mißverständliche Anweisungen in den *Konstruktionszeichnungen* (Zusammenbau- und Einzelteilzeichnungen) mit den dazu gehörenden *Stücklisten*, sowie ferner in Verkabelungsplänen, Mischungsanweisungen, Rezepturen u. ä. Fehlarbeit oder zumindest Zeit beanspruchende Rückfragen zur Folge haben können, darf folgender Aussage [BOBEK/L 135, S. 96] voll beigepflichtet werden: »Die Konstruktionszeichnung stellt ... mit jedem Strich, mit jeder Maßeintragung, mit jeder Passungsangabe und jeder Werkstoffangabe eine Anweisung dafür dar, Kosten entstehen zu lassen und zwar meist höhere Kosten, als die Verwaltungsstellen über den Verbrauch von Bleistift und Papier einsparen können.« So ist es auch zu verstehen, daß in zahlreichen Betrieben der verarbeitenden Industrie die – teilweise recht komplizierten – Konstruktionszeichnungen einer *Zeichnungskontrolle* durch versierte

Fertigungsingenieure in einer besonderen, meist dem Entwicklungsbereich zugeordneten Abteilung unterworfen werden, ehe ihre Freigabe als Arbeitsunterlage für die Erzeugungsabteilungen erfolgt.

Für eine weitere – mehr auf Verbesserungen bereits hergestellter Erzeugnisse ausgerichtete – Rationalisierungsmaßnahme hat sich der Begriff *Wertanalyse* (value analysis) durchgesetzt. Bei ihr werden in Teamarbeit durch eine systematische Erfassung und Prüfung der Gebrauchs- und Geltungsfunktionen (Grund- und Zusatznutzen) der zu untersuchenden Erzeugnisse – teilweise mit Hilfe des Brainstorming – Verbesserungsvorschläge erarbeitet und zur Realisierung vorgeschlagen. Das Ziel ist eine Senkung der sog. Funktionskosten im Vergleich zum Gebrauchs- und Geltungs-»wert« des Erzeugnisses, und zwar durch Funktions-, Erzeugungs- oder Materialänderungen. Einzelheiten finden sich u. a. bei BAIER / L 9; KOURIM / L 72; MILES / L 87 und ORTH / L 92.

Zur Erleichterung der Konstruktions- und Berechnungsarbeiten, aber auch zur Vereinfachung der Erzeugung und Lagerhaltung, zur Erhöhung der Sicherheit und Ordnung im Warenverkehr und nicht zuletzt zum Nutzen des Verbrauchers, wenn er Ersatzteile benötigen sollte, bietet sich für die industrielle Erzeugung und Erzeugnisgestaltung ferner die auf Rationalisierung ausgerichtete Standardisierung an. *Standardisierung* bedeutet Vereinheitlichung von ganzen Erzeugnissen (Typung) und Erzeugnisteilen (Normung). Standardisierung ist möglich, »wo der Mensch die Freiheit des Schaffens, des Gestaltens besitzt, wo er schöpferisch tätig sein kann. Aus der Fülle der denkbaren Entscheidungen eine Auswahl zu treffen, die Selektion, ist der eine Inhalt der Normen. Normen sind ... im Bereich der Technik die festgelegten Eigenschaften (z. B. Leistungen, Abmessungen, Güte) der Erzeugnisse« [RIES / L 104, S. 9]. Standardisierung bedeutet – freiwillige oder gelegentlich auch zwangsweise – Selbstbeschränkung in der Gestaltungsfreiheit, um hierdurch einerseits die genannten Vorteile zu gewinnen sowie anderseits bei der Herstellung der standardisierten Teile gemäß dem dadurch wirksam werdenden Gesetz der Massenproduktion [s. S. 25] eine kostengünstigere Herstellung und/oder preisgünstigere Verwendung dieser Teile zu ermöglichen.

In der Standardisierung lassen sich gewisse nachteilige Wirkungen erkennen, wie z. B. die Gefahr einer Geschmack und Mode behindernden Uniformierung und einer Verzögerung des technischen Fortschritts. Dagegen spricht aber, daß die hinsichtlich Geltungsbereich und Geltungsdauer vergleichsweise zu den Typen meist strafferen *Normen* nur für den verbindlich sind und sein sollten, der sich ihrer auch bedienen will. Es bleibt jedem Betrieb anheimgestellt, nicht genormte Einzelteile und nichtgetypte Erzeugnisse herzustellen und/oder zu verwenden. Normen besitzen ferner nicht für alle Zeiten Gültigkeit, sondern können – sofern nötig – erweitert oder geändert werden. Normen werden auch meistens in Gemeinschaftsarbeit von allen Beteiligten (Erzeugern und Verwendern, Wissenschaftlern und Händlern) geschaffen. Sie sind Verständigungs-, Sortierungs-, Typ-, Planungs-, Konstruktions-, Abmessungs-, Stoff-, Güte-, Verfahrens-, Prüf-, Liefer- und Sicherheitsnormen [vgl. DIN 820]. Nach ihren Geltungsbereichen wären zu unterscheiden Werksnormen als Hersteller- und Abnehmernormen (z. B. bei Bundesbahn und -post), Verbandsnormen (z. B. VDE-Vorschriften des Vereins Deutscher Elektrotechniker), nationale Normen (z. B. des Deutschen Normenausschusses – DNA) und internationale Normen, die von der International Organization for Standardization (ISO), Genf, als Dachorganisation der nationalen Normenausschüsse diesen zur Einführung empfohlen werden. Das Normungswerk des DNA ist in über 10000 Normblättern, gekennzeichnet mit dem »Warenzeichen« DIN (Deutsche Industrie-Norm) und einer Klassifizierungsnummer (z. B. DIN 7990 Sechskantschrauben), niedergelegt. Nähere Ausführungen finden sich bei BESTE/KOHLITZ / L 13; KLEIN / L 63 und RIES / L 104.

Eine spezielle Erscheinungsform internationaler Abmessungsnormung sind die *Passungsnormen* des ISO-Systems, durch welche unter Verwendung des Einheitswellen- oder Einheitsbohrungsprinzips in Verbindung mit 21 Sitzen (wie locker, fest usw.) sowie 16 Qualitäten für funktionsgerecht zu bemessende Fertigungstoleranzen die *Austauschfähigkeit von Erzeugnisteilen* begründet wird (z. B. für Glühbirnen in Lampenfassungen, für Kurbelwellen in Motorgehäusen). Sie kommt den Verbrauchern beim Ersatz unbrauchbar gewordener Teile, dem Handel für eine rationelle Lagerhaltung und ein eindeutiges Bestellwesen sowie dem Erzeuger selbst zugute. Der Erzeuger kann Serien- oder Massenfertigung betreiben und besitzt dabei die Gewähr, daß alle zu paarenden Teile (z. B. Wellen und Lager) immer passen werden, unabhängig davon, welches Einzelteil jeweils mit einem ihm entsprechenden anderen zusammengefügt wird. Einzelheiten dazu finden sich in KLEIN / L 63, S. 67 ff.

Die Existenz der Passungsnormung fördert auch das *Baukastensystem.* Es erlaubt eine höhere Angebotsvielfalt für industrielle Betriebe der mechanischen Fertigung mittels Standardisierung der Bauteile von getypten Erzeugnissen bei gleichzeitiger Differenzierung der Enderzeugnisse. Seiner können sich sowohl die Erzeuger (z. B. Getriebe- und Werkzeugmaschinenbau) als auch die Verwender (z. B. von Küchenmaschinen, Möbelprogrammen, Gerüsten) bedienen, je nachdem, wo die Erzeugnisvariation angestrebt wird. Das Baukastensystem ist »ein Ordnungssystem, das den Aufbau einer begrenzten oder unbegrenzten Zahl verschiedener Dinge aus einer Sammlung genormter Bausteine auf Grund eines Programms oder Baumusterplanes in einem bestimmten Anwendungsbereich darstellt« [Borowski/L 18, S. 18].

3. Erzeugniswahl und Erzeugungsprogramm

Normung und Typung sind erzeugnisbezogene Rationalisierungsmaßnahmen; ihre Wirkungen hinsichtlich der Gestaltung des Erzeugungsprogramms – sowohl die Enderzeugnisse als auch die Zwischenfabrikate betreffend – lassen das Problem der Spezialisierung von Industriebetrieben auf der Ebene des Leistungsangebots sowie der Eigenfertigung und des Fremdbezuges von Vorprodukten und Handelswaren entstehen. Vorausgesetzt, daß aufgrund der vorhandenen technologischen Kenntnisse über die Erzeugungsprozesse für mögliche Erzeugnisse, aufgrund des qualitativen Leistungspotentials und aufgrund der marktlichen Bedingungen sowie der Gewinnerwartungen [vgl. dazu Ansoff/L 6, S. 161] der Bereich betrieblicher Betätigung auf eine Branche, einen Industriezweig oder eine Industriegruppe bereits eingegrenzt ist, verbleiben – insbesondere bei marktorientierter Erzeugung – der Unternehmungsleitung immer noch – und dies im Zeitablauf sogar ständig neu – vielfältige Möglichkeiten der Auswahl und Kombination konkreter Erzeugnisarten. Ergebnis eines solchen selektierenden Entscheidungsprozesses ist das *Erzeugungsprogramm* (product mix). Es gibt die Gesamtheit derjenigen Erzeugnisse an, die ein Betrieb mit seinem Leistungspotential in einer Periode qualitativ und quantitativ herstellen kann und will.

Ein solches Programm kann sich auf wenige Erzeugnisarten beschränken. Eine bewußte Beschränkung der Leistungserstellung und des Leistungsangebots auf nur wenige Typen wird als *Spezialisierung* bezeichnet. »Die Vorteile von Normung und Typung wirken sich erst hier vollkommen aus« [Kalveram/L 56, S. 261]. Sie zeigen sich meist in Qualitätssteigerungen bei den Erzeugnissen, in Leistungssteigerungen der Arbeitskräfte, in einer

Reduktion der Vielfalt benötigter Betriebsmittel sowie in der Verwendungsmöglichkeit spezialisierter und damit leistungsfähigerer Maschinen. Letzlich äußern sie sich in verringerten Stückkosten gemäß dem Gesetz der Massenproduktion. Diesen Vorzügen einer mehr oder weniger starken Spezialisierung stehen jedoch Nachteile gegenüber. Genannt seien nur die zwangsläufige Zunahme der Stückkosten infolge der fixen Kosten nicht voll ausgelasteter Kapazitäten bei Absatzrückgängen und die mangelnde Elastizität, sich mit einem spezialisierten Betriebsmittelbestand auf Ausweicherzeugnisse zu verlegen.

Im übrigen bestimmt nicht nur die Typenzahl in einem Programm, sondern auch die *Gleichartigkeit* (Verwandtschaft) der Erzeugnisse das Ausmaß der Spezialisierung. So können zwar nicht bei absolut gleichen Produkten (z. B. elektrischer Strom), aber doch schon bei Erzeugnisarten, die als vertretbar gleich anzusehen sind (z. B. Bleche, Garne, Zement), Produktdifferenzierungen (z. B. hinsichtlich der Stärke und Belastungsfähigkeit) bei im Prinzip gleichbleibenden Herstellungsprozessen herbeigeführt werden. Abgesehen von ungewollten Erzeugnisunterschieden infolge mangelnder technischer oder wirtschaftlich nicht zweckvoller Beherrschung der Erzeugungsprozesse (z. B. Roheisenzusammensetzung, Farbton von Garnen) zeigt sich das Problem der Spezialisierung insbesondere bei ungleichartigen Erzeugnissen (z. B. Tuche, Süßwaren, Maschinen). Selbst Farb- und Größenunterschiede, wie z. B. bei Strickwaren eines Betriebes mit Stapelprogramm, reduzieren das Ausmaß betrieblicher Spezialisierung; um so mehr wird es der Fall bei modischen Kollektionen mit Muster- und Qualitätsunterschieden sein.

Eine große *Sortimentsbreite* (Kollektionsbreite, Artikelzahl) bei einer für alle Erzeugnisarten gleichartigen Technologie ihrer Erzeugung ist nicht nur das sachliche Gegenstück der Spezialisierung, sondern – insbesondere wegen ihrer akquisitorischen Wirkung – auch deren nicht minder diskutables und daher gegebenenfalls anzustrebendes Pendant. Relativ große Artikelzahlen finden sich meist in Klein- und Mittelbetrieben mit einem hohen Anteil auftragsorientierter Erzeugung (z. B. Betriebe der modischen Textilindustrie, Geschirr- und Kunstkeramik), weil bei ihnen die Chancen einer Ausnutzung der technischen Möglichkeiten durch Großserien- oder Massenfertigung recht gering sind. Aber auch in Großbetrieben, wie z. B. bei Verpackungsmittelherstellern und in Walzstahlwerken (insbesondere vor der Bildung der auf Typenbereinigung und Spezialisierung hinzielenden vier westdeutschen Walzstahlkontore im Jahre 1967), ist häufig zu beobachten, daß der größte Teil der Umsätze U_i (meist etwa 80%) auf die gängigsten Erzeugnisarten A_i entfällt, die den kleinsten Teil (meist etwa 20%) des Typenangebots ausmachen [s. Abbildung 8 und 9, in denen die Erzeugnisarten nach »fallender Gängigkeit« geordnet sind]. Aus Abbildung 9 ist zu erkennen, daß das Erzeugungsprogramm strukturell um so ungünstiger ist, je weiter die die kumulierten Umsätze (Σ U_i) wiedergebende Lorenzkurve von der Idealkurve entfernt liegt.

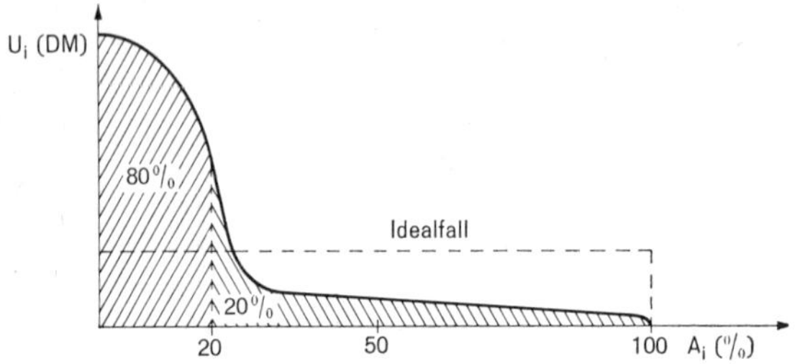

Abbildung 8: Erzeugnis-Umsatz-Kurve

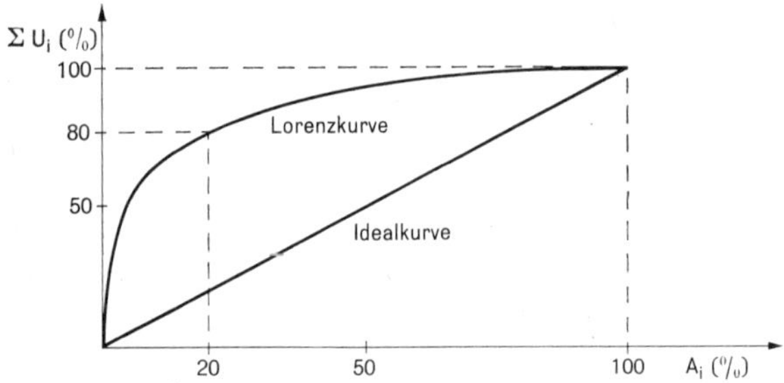

Abbildung 9: Kumulierte Erzeugnis-Umsatz-Kurve

Ein Spezialproblem der Kollektionsbreite zeigt sich noch in der – Mannigfaltigkeit bedeutenden – *Diversifizierung.* Sie zielt auf die Einbeziehung von weiteren Leistungsarten in eine Unternehmung oder noch häufiger in einen Unternehmungsverbund hin. Dabei werden die neu in das Leistungsangebot aufzunehmenden Erzeugnisarten nicht selten in gesonderten, gelegentlich sogar juristisch selbständigen Erzeugungsstätten hergestellt. Sie ergänzen das bisher von der Unternehmung oder vom Unternehmungsverbund geführte Erzeugungsprogramm in der Weise, daß diese Erzeugnisse mittels anderer Technologien für andere Märkte gefertigt werden [s. Abbildung 10 nach ANSOFF/L 6, S. 132]. Bei der Diversifizierung im eigentlichen Sinne bleibt der »rote Faden«

gleichbleibender Fertigungstechnik und/oder Absatzorganisation nicht erhalten. Die neuen Erzeugnisse stehen vielmehr eigenständig neben den alten und machen ihnen keine Konkurrenz. Diversifizierung ist daher »das Vorliegen einer Leistung, die für das jeweilige Unternehmen so neuartig ist, daß sie einen neuen Markt begründet, oder die Erschließung eines Marktes der für das jeweilige Unternehmen so neuartig ist, daß er zu einer neuen Leistung führt, wobei die Absicht einer dauerhaften Fortführung sowohl des Kernprogramms als auch des neuen Leistungsbereiches besteht.« (Arbeitskreis »Diversifizierung« der Schmalenbach-Gesellschaft, Diversifizierungsprojekte ..., in: Zeitschrift für betriebswirtschaftliche Forschung, Jg. 25, 1973, S. 298). Eine Diversifizierung ist somit weniger ein betriebliches als vielmehr und in erster Linie ein unternehmungspolitisches Verhalten zum Zweck der Ausnutzung zusätzlicher Marktchancen und Verminderung einzelbetrieblicher Risiken (z. B. Herstellung von Kameras und Zigarren durch eine Unternehmung). Einzelheiten siehe z. B. bei BARTELS / L 10; BORSCHBERG / L 19 und HAKE / L 45.

Erzeugnis / Markt	Keine Änderung	Änderung
Keine Änderung	Ziel = Marktdurchdringung	Ziel = Erzeugnisentwicklung
Änderung	Ziel = Marktentwicklung	Diversifizierung i. e. S.

Abbildung 10: Formen der Diversifizierung im weiteren Sinne

Ein Industriebetrieb hat folglich im Spannungsfeld von Spezialisierung und Sortimentsbreite sein Erzeugungsprogramm hinsichtlich der einzubeziehenden Erzeugnisarten zu entwerfen. Es wird mit Rücksicht auf seine akquisitorische Wirkung sicher weiter gezogen sein, als es dem *kritischen Standardisierungs- und Typisierungsmaß* entspräche. Jenes ist dann erreicht, wenn »alle Möglichkeiten zur Vereinfachung, die die konkrete Situation zuläßt, erschöpft« sind [GUTENBERG / L 43, S. 114]. Da es aber nur selten mit der wirtschaftlichsten (gewinnversprechendsten) qualitativen Komposition des Erzeugungsprogramms identisch sein wird und Spezialisierung auch durch Elektion von Erzeugnisarten ohne Standardisierung erfolgen kann, steht neben dem kritischen Standardisierungsmaß ein im Einzelfall zu bestimmendes *optimales Spezialisierungsmaß*. Dies wird theoretisch dann erreicht, wenn sich die Grenzumsatzkurve über A_i der Abbildung 8, welche aus der über die Artikelzahl A_i kumulierten Umsatzkurve (Lorenzkurve in Abbildung 9) abzuleiten ist, mit der ihr äquivalenten Kurve für die Grenz-Fertigungs- und Lagerkosten (wiederum über A_i) schneidet. Praktisch läßt es sich simultan mit der Ermittlung der quantitativen Zusammensetzung von Erzeugungsprogrammen bestimmen, wenn hierfür – meist lineare – *Optimierungsmodelle* aufgestellt und gelöst werden.

Materiell besteht eine solche Aufgabe darin, von möglichen Erzeugnisarten diejenigen Mengen x_j (mit $j = 1, 2 \ldots n$) zu bestimmen, durch deren Erzeugung die Summe aus allen dabei erzielbaren stückbezogenen Deckungsbeiträgen (Gewinnen) d_j ein Maximum oder die Summe aus allen dabei anfallenden Stückkosten c_j ein Minimum wird. Dabei sind Restriktionen einzuhalten wie z. B., daß die Summe aller Fertigungszeiten a_{ij} pro Erzeugniseinheit j und Fertigungsstelle i (mit $i = 1, 2 \ldots m$) die zur Verfügung stehende Leistungszeit b_i dieser Stelle nicht überschreiten und die Stückzahlen eines Erzeugnistyps eine vom Markt gesetzte Höchstgrenze g_j nicht über- oder eine verlangte Mindestmenge g_j nicht unterschreiten dürfen. Formal lautet dieses Problem (Modell) dann:

$$\sum_{j=1}^{n} d_j x_j = D = \text{Max!}$$

oder
$$\sum_{j=1}^{n} c_j x_j = C = \text{Min!}$$

mit
$$\sum_{j=1}^{n} a_{ij} x_j \leqq b_i \quad (\text{für } i = 1, 2 \ldots m)$$

und
$$x_j \gtreqqless g_j \quad (\text{für } j = 1, 2 \ldots n)$$

sowie
$$x_j \geqq 0 \quad (\text{für } j = 1, 2 \ldots n)$$

Die mathematisch (iterativ) zu ermittelnde Lösung (in der Regel mit Hilfe der Simplexalgorithmen) [vgl. z. B. KERN/L 59, S. 47 ff.] führt zu einem die Zielsetzung optimierenden Kompromiß zwischen Spezialisierung und Sortimentsbreite. Er ist gleichfalls zu erzielen, wenn das vorstehende, realen Aufgabenstellungen wegen seiner Abstraktion nur unvollkommen gerecht werdende Modell eine größere Komplexion erfährt. Dies ist z. B. möglich durch Ganzzahligkeitsbedingungen für die Mengen x_j, durch Aufspaltung der x_j im Falle von Preisdifferenzierungen, durch Variabilität der Kapazitätsgrenzen b_i und Unsicherheit der Parameter a_j und c_j. Sollten sich die Parameter gar im Zeitablauf kontinuierlich oder diskontinuierlich, aber ex ante erkenntlich, ändern, so treten an die Stelle des gezeigten deterministischen linearen Lösungsansatzes parametrische oder dynamische Lösungskonzepte. Deren Operationalität ist allerdings bisher noch auf relativ wenige Freiheitsgrade bei der Parametervariation begrenzt. Dagegen machen sich Schranken hinsichtlich der Anzahl n der Variablen x_j und der Restriktionen vom Umfang (m + n) beim Einsatz von elektronischen Datenverarbeitungsanlagen zur Lösungsdurchführung kaum bemerkbar; in der amerikanischen Wirtschaft sind Lösungen von Systemen mit m = 2000 Gleichungen und n = 5000 Variablen schon längst keine Seltenheit mehr. [Zur modellanalytischen Ermittlung optimaler Erzeugungsprogramme siehe insbesondere ADAM / L 2; FRENCKNER / L 141; GROSCHE / L 41; v. RAGO / L 150, S. 117 ff. ZIMMERMANN / L 132. Generell zur Fixierung von Erzeugungsprogrammen siehe ABROMEIT / L 1; BÖHM / L 136, S. 191 ff.; FREUDENMANN / L 33 und KRÜGER / L 148, S. 87 ff.].

Operationsanalytisch ermittelte optimale Produktionsprogramme sind hinsichtlich der Sortimentsbreite grundsätzlich Minimalprogramme, das heißt ein Katalog mit einer minimalen Anzahl von Erzeugnisarten. Ein davon unabhängiges Minimalprogramm kann nur durch entsprechende Restriktionen in der Art [$x_j \geqq g_j$] erreicht werden, falls sich eine Unternehmungsleitung von einem solchen eine besondere akquisitorische Wirkung verspricht. Sie kann aber auch ihr Leistungsangebot am Markt mittels Vervollständigung des Erzeugungsprogramms durch – nicht selbst hergestellte – *Handelswaren* ergänzen oder den gewünschten Ausgleich durch zwischenbetriebliche Kooperationen, wie bei den Walzstahlkontoren, bewirken. Darüber hinaus wäre es ihr möglich, durch Erzeugnistypung und Erzielung gleichbleibender Erzeugnisqualitäten ihre Waren als Markenartikel anzubieten [GUTENBERG / L 43, S. 114]. Die Konkurrenz wird eventuell in den aus dem Programm eleminierten Artikeln gerade ihre besondere »Stärke« besitzen; anderseits ergeben sich aus der Spezialisierung für kleinere Betriebe und das Handwerk neue Perspektiven insofern, als diese sich auf Zulieferungen und Sonderwünsche der Verbraucher konzentrieren können. Die Nachfrager müssen nur bereit sein, kostengerechte Preise zu zahlen.

IV. Erzeugung durch Kombination von Faktoreinsätzen

1. Produktionstheoretische Grundlagen

Während die Ausführungen in Abschnitt III. noch vorwiegend auf die absatzorientierten Aspekte industrieller Leistungserstellung ausgerichtet waren, die sich im zweiten Glied P_M des Wirtschaftlichkeitsgrades W auf S. 18 niederschlagen, bedarf nunmehr der erzeugungsorientierte Aspekt einer eingehenderen Beleuchtung. Die Produktionstheorie strebt nach Wissen um die formalen Input- Output-Relationen bei den kombinativen Leistungserstellungsprozessen. Ihre Erkenntnisse vermögen der wirtschaftlichen Strukturierung industrieller Erzeugungsvorgänge zu dienen. Theoretisch sind sie Prozesse der *Kombination von Produktionsfaktoren* [s. S. 20 f.]; sie werden mit fortschreitender Anlagenintensität der Erzeugung immer komplexer und daher komplizierter, lassen sich aber anderseits im Vergleich mit den Leistungserzielungsprozessen nichtindustrieller Wirtschaftszweige eher quantifizieren. Die Einsatz-Ausbringungs-Beziehungen werden rein formal in der allgemeinsten Form einer *Produktionsfunktion* abgebildet. Bei ihr gibt x den – quantitativen, physischen – Ertrag (Ausbringung, Output) und r_i die zu seiner Erzielung nötigen Einsatzmengen (Input) der Produktionsfaktoren i (mit i = 1, 2 . . . m) an:

$$x = f(r_1, r_2, r_3 \dots r_m)$$

Diese allgemeine Formulierung weist mehrere Schwächen auf, nämlich eine mangelnde Additivität der artverschiedenen Faktoreinsatzmengen r_i und das Fehlen der Eineindeutigkeit bei einer Umkehrung der Funktion. Es ist nämlich durchaus möglich, daß der Ertrag x durch unterschiedliche Kombinationen der r_i bewirkt werden kann. Die mangelnde Additivität läßt sich durch Bewertung der Faktorverbräuche beheben; dadurch würden die Betrachtungen aber vorzeitig mit der gesamten Bewertungsproblematik belastet, die erst kostentheoretisch relevant werden darf [s. Abschnitt IV. 2.]. Eineindeutigkeit der Art, daß einem Ertrag nur eine einzige Kombination bestimmter Faktormengen zuzurechnen ist, kann durch verschiedene Annahmen über das Verhältnis der Faktoreinsatz-Artmengen zueinander erreicht werden. Dadurch ergeben sich diverse Grundformen von Produktionsfunktionen. Von ihnen sind betriebswirtschaftlich zwei Typen besonders relevant, nämlich die Produktionsfunktion vom Typ A und diejenige vom Typ B. Diese Unterscheidung und die theoretische Fundierung der B-Funktion, welche insbesondere für die industrielle Erzeugung gültig sein dürfte, ist auf GUTENBERG [L 43] zurückzuführen.

Die *Produktionsfunktion vom Typ A* (Ertragsgesetz) basiert auf der Annahme, daß zwischen den einzelnen Faktorarten *periphere Substitution* möglich sei: Einer vorgegebenen Leistungsmenge x entspricht eine Mehrzahl möglicher Einsatzmengen einer jeden Faktorart, und die Relationen zwischen diesen Einsatzmengen sind im Rahmen stetiger Funktionen (Isoquanten) variabel [s. Abbildung 11]. Deshalb wird für die A-Funktion die Prämisse gesetzt, daß ein Unternehmer jeweils nur diejenige Kombination realisieren werde, die mit minimalem Mitteleinsatz (Kosten) den verlangten Ertrag x bewirkt. Dies ist die Bedingung der *Minimalkostenkombination.* Die Substitutionalität resultiert zwingend [vgl. GUTENBERG/L 43, S. 304; KILGER/L 62, S. 27ff.] aus der Annahme, daß bei (partieller) Variation jeweils nur eines Faktors stets Funktionen für x auftreten, die einen ertragsgesetzlichen Verlauf gemäß Abbildung 12 zeigen.

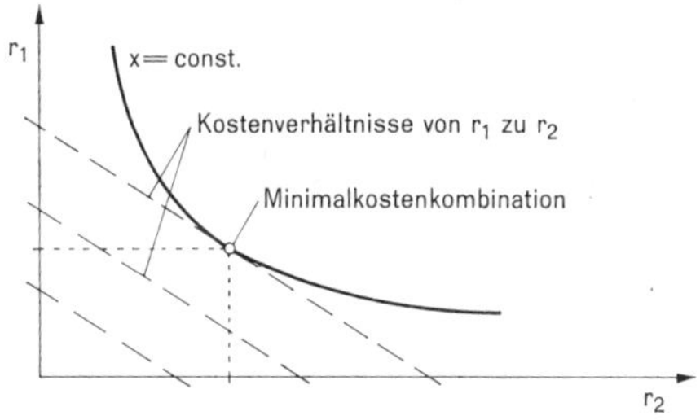

Abbildung 11: Substitutionsfunktion

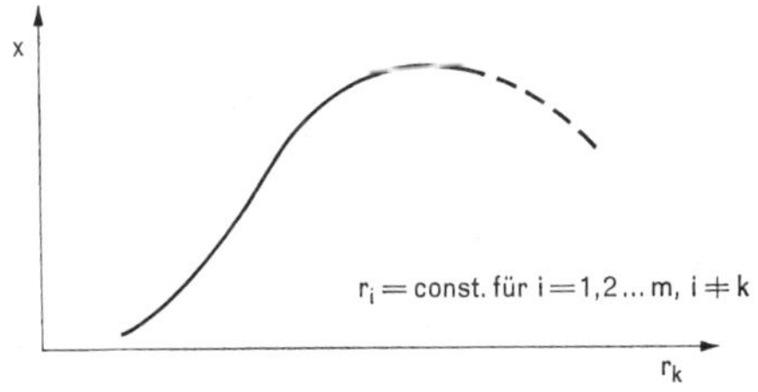

Abbildung 12: Ertragsgesetzliche Produktionsfunktion

Die – wenigstens in gewissen Grenzen – freie Variationsfähigkeit der Faktoreinsatz-Artmengen ist jedoch, worauf GUTENBERG erstmals aufmerksam machte, zumindest bei industriellen Erzeugungsprozessen kaum gegeben. So ist es z. B. nicht möglich bei einem (Teig-)Rührwerk eine Leistungsmehrung nur dadurch zu erreichen, daß sich ausschließlich die Rührflügel schneller drehen und sich somit nur der Stromverbrauch erhöhen darf. Die verlangte höhere Leistung bedingt nämlich zugleich einen höheren Verschleiß der Apparatur, höheren Wartungsaufwand, vermehrte Aufmerksamkeit beim Bedienungspersonal sowie vor allem mehr Materialeinsatz, Beschickungs- und Entleerungsaufwand in der Leistungsperiode. Dabei wird unterstellt, daß der für diesen Zeitraum zu ermittelnde – durchschnittliche – Ertrag, der für die produktionstheoretische Analyse maßgebend ist, der genannten Forderung entsprechend gesteigert werden soll. Ebenso unmöglich erscheint es, bei gleichbleibender Ausbringung z. B. eine Verminderung des Stromverbrauchs durch größeren Materialeinsatz, stärkeres Ölen u. ä. beliebig substituieren zu können.

Eine Produktionsfunktion, die industrielle Erzeugungsprozesse beschreiben soll, muß daher die Möglichkeit der *peripheren Faktorsubstitution* ausschließen und stattdessen unterstellen, daß einer bestimmten Leistungsintensität vielmehr eine und nur eine Kombination benötigter Faktoreinsatzmengen entspricht. Diese Kombination wird durch Verbrauchsfunktionen für die einzelnen Faktorarten technisch eindeutig definiert. *Verbrauchsfunktionen* beschreiben die Abhängigkeiten zwischen dem Verbrauch an Faktoreinsatzmengen und der technischen Leistung der Faktorkombination, bevorzugt derjenigen des Betriebsmittels. Sie tritt auch bei der A-Funktion auf, wird aber dort nicht nur von der verlangten Leistung, sondern eben auch von den Faktorpreisen geprägt. Bei der B-Funktion wird sie dagegen ausschließlich von den erzeugungstechnischen Gegebenheiten determiniert. Jene umfassen die technischen Eigenschaften einer Kombination j, insbesondere diejenigen des eingesetzten Betriebsmittels, die sich z. B. in der Arbeitslänge, Arbeitsbreite und Wirkungsgrad einer Drehbank sowie in der Spindelzahl, den Übersetzungsverhältnissen und der Materialart bei Spinnmaschinen zeigen. Für diese Eigenschaften, die im Rahmen einer statischen Produktionstheorie als im Zeitablauf konstant angenommen werden, stehen die Symbole $z_{j1}, z_{j2} \ldots z_{jv}$. Neben dieser sog. *z-Situation* prägt noch die von der Kombination j abverlangte (Leistungs-)Intensität d_j während der benötigten Leistungsdauer t die Verbrauchsfunktion für die Faktorart i:

$$r_{ij} = f_{ij}\,(z_{j1}, z_{j2}, z_{j3} \ldots z_{jv}, d_j, t)$$

In dieser Funktion wird für den endlichen, aber relativ kurz zu bemessenden Zeitraum T, auf den sich die Betrachtungen einer statischen Produktionstheorie für alternative Ausbringungsmengen beziehen, Konstanz der Intensität d_j unterstellt. Unter dieser Prämisse kann der eine Momentanintensität kennzeichnende Differentialquotient $d_j = dx/dt$ durch die durchschnittliche Intensität $d_j = x/t$ ersetzt werden. Diese gilt für die effektive Leistungsdauer und nicht für den gesamten Betrachtungszeitraum T. Bei einer vorgegebenen Intensität d_j kann innerhalb von $t_1 < T$ nur eine einzige Leistungsmenge x_1 und innerhalb von $t_2 < T$ ebenfalls nur eine einzige Leistungsmenge x_2 erzeugt werden. Es liegt deshalb nahe, zwecks Erzielung völliger Eindeutigkeit anstelle der absoluten Verbrauchsfunktion mit den zwei dispositiv zu beeinflussenden Variablen d_j und t, die (relativierte) spezifische Verbrauchsfunktion für den *Produktionskoeffizienten* $\varrho_{ij} = r_{ij}/x$ zu verwenden:

$$\varrho_{ij} = g_{ij}\,(z_{j1}, z_{j2}, z_{j3} \ldots z_{jv}, d_j)$$

In dieser Formulierung entfällt die zweite Variable t, weil bei gegebenem d_j die Leistungszeit t proportional der Leistungsmenge x ist. Diese spezifische Verbrauchsfunktion ist wegen der Konstanz der z_{jk} ausschließlich eine Funktion von der noch zu bestimmenden Intensität d_j und über diese bei konstanter Leistungsdauer t mathematisch zugleich die Inverse der Produktionsfunktion:

$$\varrho_{ij} = g_{ij}\,(d_j) = g_{ij}\,[\varrho\,(x)]$$

Diese Funktion ist wegen der Vielzahl von Faktoreinsatz-Artmengen, die zur Erstellung einer Leistung x nötig sind, mit ihrer einzigen unabhängigen Variablen einfacher zu handhaben als die auf S. 46 angeführte Produktionsfunktion.

Der Produktionskoeffizient ϱ_{ij} ist gewissermaßen der Kehrwert technischer Wirkungsgrade $\eta_{ij} = x/r_{ij}$. Das ist relevant, sobald konkrete (quantifizierte) Aussagen über Verbrauchsfunktionen zu machen sind. Für zahlreiche Betriebsmittel können nämlich Wirkungsgrade u. ä. den Angaben der Maschinenhersteller oder der ingenieurwissenschaftlichen Literatur entnommen werden [vgl. PACK/L 94, S. 557]. In anderen Fällen bescheidet sich die »Praxis mit gewissen, auf Beobachtungen und Messungen beruhenden Annäherungen« [GUTENBERG/L 43, S. 327]. Hinsichtlich ihrer effektiven Struktur können sie äußerst vielgestaltig sein und durch Funktionen 1. Grades (z. B. Werkzeugverschleiß), 2. Grades (z. B. Schmiermittelverbrauch), 3. Grades (z. B. Stromverbrauch) oder gar 4. Grades (Kraftstoffverbrauch von Verbrennungskraftmaschinen) u. a. m. beschrieben werden. In der Regel werden es nur *mittelbare Produktionsfunktionen* sein. Unmittelbarkeit liegt nur dann vor, wenn – z. B. nach Stücklisten – eine fest vorgegebene Anzahl von Einheiten eines Produktionsfaktors (z. B. Rohstoffverbrauch) in eine Erzeugniseinheit eingeht und so eine eindeutige Proportionalität zwischen d_j und x besteht. Weitaus häufiger unterliegt aber die einem Ertrag x adäquate Intensität d_j einer (gewissen) Dispositionsfreiheit durch betriebliche Leitungsinstanzen. Die dadurch begründete Mittelbarkeit ist ein Spezifikum der B-Funktion.

Die Abhängigkeit eines Produktionskoeffizienten von der Leistungsintensität wird aus der Abbildung 13 ersichtlich. Hier zeigt der linke Bildteil eine spezifische (quadratische) Verbrauchsfunktion ϱ_{ij}, wie z. B. die eines Kraftwagenmotors bei zunehmender Fahrgeschwindigkeit (d_j). Für ein vorgegebenes Leistungsergebnis (z. B. Kilometerleistung) $\bar{x}$ ist zunächst der Verbrauch für $x = 1$ durch horizontale Projektion möglicher d_j-Werte auf die Vertikale über $x = 1$ zu erhalten. Durch Verbindung der so gewonnenen Punkte mit dem Koordinatenursprung ergeben sich in der rechten Bildhälfte Prozeßstrahlen. Sie sind Verbrauchsfunktionen r_{ij}, jeweils gültig für die gewählten Leistungsintensitäten d_j. Der Gesamtverbrauch $r_{ij} = \varrho_{ij} \cdot \bar{x}$ für die geforderte Leistung $\bar{x}$ läßt sich aus dem rechten Bildteil bei $\bar{x}$ nun jederzeit ablesen. In der Regel wird in einer statischen Produktionstheorie davon ausgegangen, daß die Wahl auf die verbrauchsgünstigste Leistungsintensität d_{j0} entfallen wird. Es sind aber auch andere Wahlmöglichkeiten durchaus denkbar, vor allem, wenn die Optima mehrerer Verbrauchsarten für eine produktive Kombination j nicht bei einer gemeinsamen Leistungsintensität d_j erreicht werden.

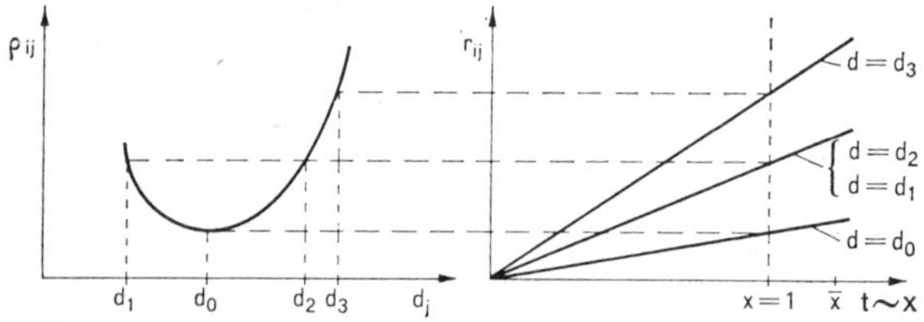

Abbildung 13: Zusammenhänge zwischen Produktionskoeffizient ϱ_i und Faktorenverbrauch r_i

Das Wesen der *Produktionsfunktion vom Typ B* läßt sich nunmehr folgendermaßen kennzeichnen: »In der B-Funktion wird unterstellt, daß für alle Faktorarten Verbrauchsfunktionen existieren, welche den Faktorverbrauch in der Weise definieren, daß einer vorgegebenen Leistungsintensität eine und nur eine Faktoreinsatzmenge entspricht; dieser Sachverhalt wird als *Limitationalität* der Faktoreinsatzmenge bezeichnet.« [PACK/L 94, S. 159]. Limitationalität ist aber, wie PACK [L 94, S. 167 ff.] gezeigt hat, als Grenzfall der peripheren Substitutionalität anzusprechen, in dem die *Substitutionselastizitäten* (relativierte Grenzraten der Substitution), nämlich $(dr_1/r_1) : (dr_2/r_2)$ für $x = \text{const.}$, nur Null oder minus unendlich sind und die Krümmung der Substitutionsfunktion zu einem (Eck-)Punkt [s. Abbildung 14] verdichtet wird. Für diesen wird unabhängig von den Faktorpreisen die Bedingung der Minimalkostenkombination immer erfüllt.

Werden alle Punkte der Minimalkostenkombination (Eckpunkte) der – für unterschiedliche x oder d_j geltenden – Isoquanten durch einen Linienzug miteinander verbunden, so entsteht für zunehmende Ausbringungsmengen oder Leistungsintensitäten die sog. *Faktoranpassungskurve* A der Unternehmung [s. SCHNEIDER/L 110, S. 189 f.]. Sie wird auch als Minimalkostenlinie, Expansionspfad oder Betriebsausdehnungsweg bezeichnet. Diese Linie kann eine Gerade sein [Abbildung 14] oder jede beliebig »steigende« Funktion beschreiben [Abbildung 15]. Im letztgenannten Fall müssen die Produktionskoeffizienten $\varrho_{ij} = r_{ij}/x = f(d_j)/x$ aber variabel sein, oder mit anderen Worten, es muß sich das Verhältnis zwischen der Einsatzmenge eines Faktors und der (variierten) Ausbringungsmenge x ändern. Die B-Funktion ist folglich nicht auf den – von GUTENBERG früher als C-Funktion bezeichneten – Spezialfall der Abbildung 14 begrenzt; sie wird vielmehr in der Regel durch variable Produktionskoeffizienten gekennzeichnet (nichtlineare limitationale Produktionsfunktion).

Die *Aggregation von Faktorverbrauchsfunktionen* wäre an sich das oberste Ziel einer produktionstheoretischen Durchleuchtung industrieller Erzeugungsprozesse; sie setzt aber, wie schon erwähnt, bei einer auf die Faktorkombination bezogenen Ausrichtung eine Bewertung der artverschiedenen Faktorarten i mittels eines »Preises« π_i voraus. Die (horizontale) Addition gleicher Faktorverbräuche ist hingegen über mehrere Faktorkombinationen hinweg auch ohne Bewertung statthaft. Ein solches Vorgehen, mit dem Faktorverbräuche für produktive Kombinationen höheren Grades [s. S. 87] zu aggregierten Produktionsfunktionen verdichtet werden, spiegelt Abbildung 16 wider. Sie gibt zugleich – mit Hinweis auf die in unterschiedlichsten Strukturen auftreten-

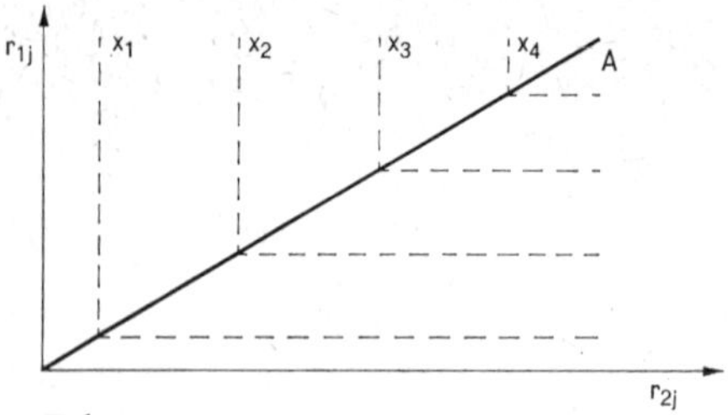

Abbildung 14: Faktorenanpassungsgerade A bei konstanten ϱ_{ij}

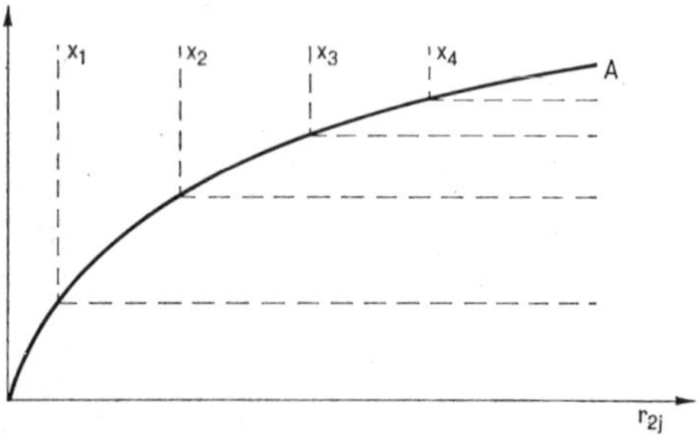

Abbildung 15: Faktorenanpassungskurve A bei variablen ϱ_{ij}

den Verbrauchsfunktionen [s. S. 49] – zu erkennen, daß es keinen Anhaltspunkt dafür gibt, daß – in Kostengrößen ausgedrückte – globale Produktionsfunktionen einen – periphere Substitution begründeten [s. S. 47] – ertragsförmigen (S-förmigen) Verlauf zeigen müssen. Tendenziell werden sie zwar steigen, doch müssen konkretere Aussagen dem Einzelfall vorbehalten bleiben. Einzelheiten zur hier nur skizzierten Produktionstheorie sind der Spezialliteratur zu entnehmen: GUTENBERG / L 43; KILGER / L 62; HEINEN / L 165; KLOOCK / L 64; KRELLE / L 73; LASSMANN / L 76, LÜCKE / L 77; PRESSMAR / L 170; SCHNEIDER / L 110; WAFFENSCHMIDT / L 129; WITTMANN / L 131.

Die im konkreten Fall schon recht umfangreiche Aufgaben stellende, aber doch noch einfach aussehende Matrix für Faktorkombinationen [Abbildung 16] läßt indirekt noch weitere Probleme erkennen, deren Lösung der Produktionstheorie obliegt. Die vorstehenden Ausführungen befaßten sich nämlich nur mit den Zusammenhängen, die sich bei einstufiger Herstellung eines einzigen Erzeugnistyps ergeben. Sie skizzierten ferner die statische Theorie, indem sie einen zwar endlich langen, aber doch so kurz bemessenen Beobachtungszeitraum unterstellen, daß die *Prämissen* konstanter Faktorbestände und Faktorqualitäten, die sich in der z-Situation niederschlagen, sowie konstant bleiben-

Verbrauchs-art i	Preis i	Verbrauchsort (-stelle) j = 1	Verbrauchsort (-stelle) j = 2	...	Verbrauchsort (-stelle) j = n	Summe
1	π_1	$r_{11} = f_{11}(d_1, t_1)$	$r_{12} = f_{12}(d_2, t_2)$	...	$r_{1n} = f_{1n}(d_n, t_n)$	$r_1 = \sum_j r_{1j}$
2	π_2	$r_{21} = f_{21}(d_1, t_1)$	$r_{22} = f_{22}(d_2, t_2)$	...	$r_{2n} = f_{2n}(d_n, t_n)$	$r_2 = \sum_j r_{2j}$
.	.	.	.	...	.	.
.	.	.	.	...	.	.
.	.	.	.	...	.	.
i	π_i	$r_{i1} = f_{i1}(d_1, t_1)$	$r_{i2} = f_{i2}(d_2, t_2)$	...	$r_{in} = f_{in}(d_n, t_n)$	$r_i = \sum_j r_{ij}$
.	.	.	.	...	.	.
.	.	.	.	...	.	.
.	.	.	.	...	.	.
m	π_m	$r_{m1} = f_{m1}(d_1, t_1)$	$r_{m2} = f_{m2}(d_2, t_2)$	...	$r_{mn} = f_{mn}(d_n, t_n)$	$r_m = \sum_j r_{mj}$
Kosten		$K_1 = \sum_i r_{i1} \pi_i$	$K_2 = \sum_i r_{i2} \pi_i$	...	$K_n = \sum_i r_{in} \pi_i$	$K = \sum_i \sum_j r_{ij} \pi_i$

Abbildung 16: Matrix einer Aggregation von Faktorverbrauchsfunktionen

der Leistungsintensitäten innerhalb des Produktionsabschnitts als erfüllt angesehen werden können. Werden diese letztgenannten Voraussetzungen aufgehoben, so wandelt sich die Problemstellung zu der einer *dynamischen Produktionstheorie.* Diese muß z. B. dem Umstand Rechnung tragen, daß sich die z-Situation durch Verschleiß der Betriebsmittel u. ä. ändert, daß Leistungsintensitäten durch Ermüdungs- und Lerneffekte als variabel anzusehen sind und daß der Faktorbestand vergrößert, verkleinert oder in seiner (qualitativen) Zusammensetzung geändert wird. Hier tangiert dann die Problemstellung den Bereich der Investitionsrechnung [s. Abschnitt V. 2.]. In ihrem Rahmen wäre auch auf die Möglichkeiten *alternativer Substitution,* wie z. B. bei Ersatz manueller durch maschinelle oder automatisierte Erzeugung, einzugehen. Schließlich sei noch auf die Vielseitigkeit der Fragestellungen und der zu ihrer Lösung nötigen Zielfunktionen hingewiesen, die sich im Rahmen einer Produktionstheorie für die einstufige und *mehrstufige Mehrprodukterzeugung* zeigen. Spezielle Ausführungen zu diesen erweiterten Aufgabenstellungen enthalten: BOHR / L 17; FÖRSTNER-HENN / L 32; KRELLE / L 73; LÜCKE / L 77; MOXTER u. a. / L 90; WITTMANN / L 131.

2. *Kostentheoretische Grundlagen*

Wie bereits in Abschnitt IV. 1. angedeutet wurde, ergeben sich in konsequenter Fortführung der produktionstheoretischen Zusammenhänge – auf eine Stellungnahme zur Diskussion über die Maßgeblichkeit wertmäßiger, pagatorischer und teleologischer (zweckbedingter) Kostenbegriffe [vgl. zum pagatorischen Kostenbegriff KOCH / L 65 und zum teleologischen HENZEL / L 50, S. 36 ff.] wird hier bewußt verzichtet – nunmehr Kosten durch die Bewertung des Faktormengenverzehrs, sofern er dem Betriebszweck dient. Da in der Regel jedoch auch gewisse Aufwendungen, wie Zinsen, Steuern, öffentliche Abgaben und Dienstleistungen, zur Aufrechterhaltung der Erzeugung nötig sind, ohne daß bei ihnen ein Güterverzehr festzustellen ist, muß der (psychologische) *wertmäßige Kostenbegriff* erweitert werden: Kosten sind »Sachgüter, Werkstoffe, Arbeitsleistungen, Dienstleistungen, multipliziert mit ihren Preisen zuzüglich bestimmter Steuern und öffentlicher Abgaben« [GUTENBERG / L 43, S. 338], sofern sie zur betrieblichen Leistungserstellung benötigt werden. Ihre Abhängigkeit von maßgeblichen Einflußgrößen, wie insbesondere der Ausbringung industrieller Erzeugungsprozesse, muß für die betrieblichen, auf Wirtschaftlichkeit ausgerichteten Entscheidungen bekannt sein.

Von der Erzeugung abhängige Kostenfunktionen ergeben sich formal durch eine einfache Vertauschung der Erwartungs- und Aktionsparameter bewerteter Produktionsfunktionen; sie erübrigt sich, wenn an Stelle der Produktionsfunktionen bereits die Faktoreinsatzfunktionen wie in der Abbildung 16 ausgewiesen und bewertet wurden. Es gilt daher:

$$K = \sum_i \pi_i \sum_j r_{ij} = \sum_i \pi_i \sum_j f_{ij} (d_j, t_j)$$

Im Hinblick darauf, daß die Intensität d_j ihrerseits von der geforderten Leistungsmenge x gemäß der dispositiv zu beeinflussenden Beziehung $d_j = \varphi_j (x)$ abhängt, gilt ferner die mittelbare Verknüpfung von K und x:

$$K = \sum_i \pi_i \sum_j f_{ij} (\varphi_j [x], t_j)$$

Mit Rücksicht darauf, daß eine geforderte Leistung $D_j = x$ als Produkt von der Intensität $d_j = x/t_j$ und Leistungszeit t_j gemäß Abbildung 17 durch alle Kombinationen (inhaltsgleiche Flächen) bewirkt werden kann, welche die Funktion für D_j beschreibt, liegt es nahe, die dispositive Beeinflussung der Kostenfunktion wie folgt zu interpretieren: Eine Betriebs- und Geschäftsleitung kann sich an eine nötige Variation der Ausbringung x [entsprechend der Leistungen D_{j1} auf D_{j2} temporal (horizontaler Pfeil) und/oder intensitätsmäßig (vertikaler Pfeil)] anpassen. Diese Verhaltensweisen zeitlicher und intensitätsmäßiger Anpassung werden

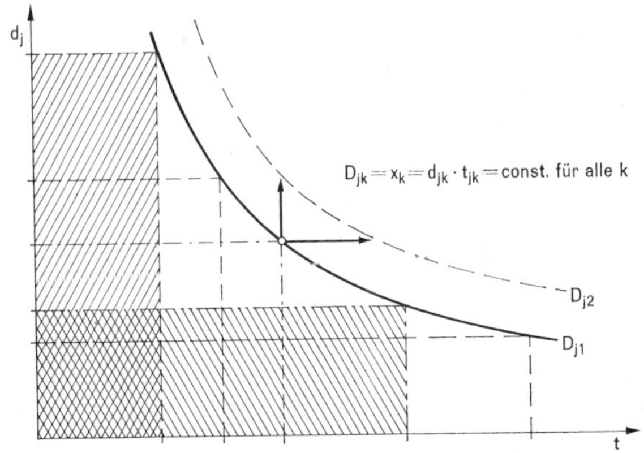

Abbildung 17: Kompensationsmöglichkeiten zwischen Leistungsintensität d_j und Leistungszeit t_j

noch ergänzt um eine dritte, nämlich die quantitative Anpassung bei einer Variation von Faktorbeständen. Nähere Einzelheiten zu den Anpassungsmöglichkeiten behandelt SWOBODA / L 119.

Bei *zeitlicher Anpassung* (Variable ist t) läßt sich ein charakteristischer Kostenverlauf unschwer fixieren: Solange in der Kostentheorie pretiale Maßnahmen, wie z. B. Überstundenzuschläge, außer Acht bleiben und die Mehrleistung bei gleichbleibender Leistungsintensität nur durch Ausdehnung der Leistungszeit erbracht wird, werden die auf eine einzelne Faktorart bezogenen und dementsprechend auch die gesamten variablen Kosten K_v linear mit wachsender Ausbringung ansteigen [Abbildung 18]. Die entsprechenden Einheitskosten k_v bleiben dagegen unabhängig von der Leistungsmenge des Betrachtungszeitraumes [Abbildung 19]. Bedingt eine produktive Kombination zusätzlich Kosten, die unabhängig von der Leistungsmenge x sind – sog. fixe (Beschäftigungs-)Kosten (K_f) [s. S. 59 f.] –, so bleiben diese in Abbildung 18 über den gesamten Leistungsbereich konstant, während sie in Abbildung 19 gemäß dem Gesetz der Massenproduktion auf die Erzeugungseinheit bezogen (k_f) hyperbolisch sinken. Die (graphische) Addition beider Kostenarten ergibt in beiden Abbildungen jeweils die entsprechenden Summenkosten K_s und k_s.

Bei *intensitätsmäßiger Anpassung* (Variable ist d), die in der Praxis seltener auftreten wird und kann, nämlich nur dort, wo

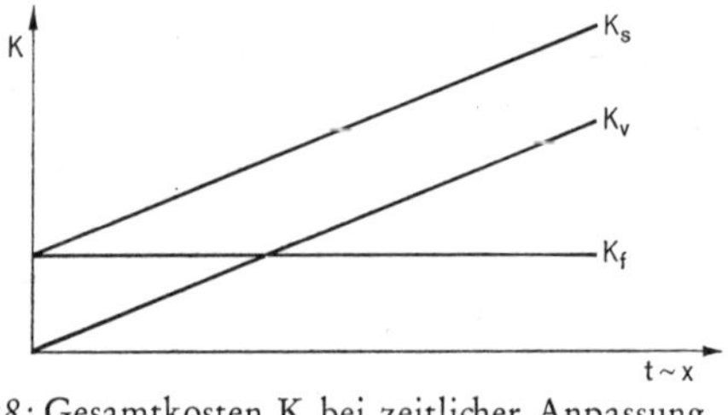

Abbildung 18: Gesamtkosten K bei zeitlicher Anpassung

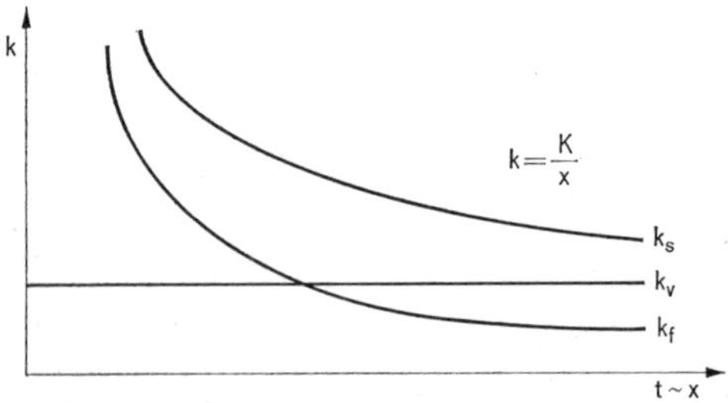

Abbildung 19: Einheitskosten k bei zeitlicher Anpassung

die Art des Erzeugungsprozesses es überhaupt und in wirtschaftlichem Umfang gestattet, wie z. B. in Großkokereien und Schwefelsäurefabriken, läßt sich der Verlauf der Gesamtkostenkurve K_s nicht generell fixieren. Er hängt ab von den einzelnen (spezifischen) Verbrauchsfunktionen. Daher wird er auch kaum linear sein; ebenso wenig muß er eine gleichmäßige, S-förmig steigende Tendenz aufweisen [vgl. S. 52], wie es von der klassischen Kostentheorie [vgl. u. a. HENZEL/L 50; MELLEROWICZ/L 81; SCHNEIDER/L 110] auch für die industrielle Erzeugung angenommen wurde. Da die Gesamtkosten bei zunehmender Ausbringung in jedem Fall tendenziell steigen, wird in Abbildung 20 – wiederum ein gewisses Ausmaß an fixen Kosten K_f unterstellend – ein Bereich ausgewiesen, innerhalb dessen die Kostenfunktion K_s gemäß den spezifischen Verbrauchsfunktionen jeweils ansteigt. In Abbildung 20 wird für K_s vereinfachend der Spezialfall einer Linearität bis zum Erreichen der Beanspruchung $d_{j0} \sim x_0$ der produktiven Kombination angenommen. Jenseits dieser Leistungsmenge liegt ein progressives Ansteigen der – wiederum meist fixe Kosten einschließenden – Summenkosten K_s durchaus im Bereich des Möglichen oder gar Wahrscheinlichen, weil bei einer Überbeanspruchung in der Regel Wirkungsgradverschlechterungen, ein progressiver Verschleiß, Fehlarbeit und anderes mehr auftreten, die sogenannte Kosten der Überbeanspruchung $K_ü$ verursachen. Ein Ansteigen der Einheitskosten k_s wird allerdings erst bei einer Ausbringung von $x_1 > x_0$ festzustellen sein; x_1 wird vom Schnittpunkt der Grenzkostenkurve K'_s mit der Einheitskostenkurve k_s determiniert. – Überbeanspruchung tritt höchstens kurzfristig und in Ausnahmefällen sowie bei solchen Faktorkombinationen auf, die im Erzeugungsablauf – vorübergehend – Engpaßcharakter besitzen. Längerfristig wird jeder

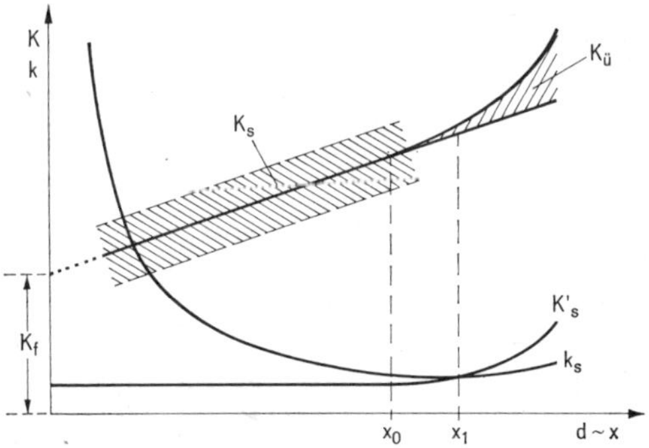

Abbildung 20: Kostenverläufe bei intensitätsmäßiger Anpassung

verantwortungsbewußte Betriebsleiter bemüht sein, allein schon aufgrund von Wirtschaftlichkeitserwägungen Leistungsintensitäten auf ein Normalmaß zurückzuführen, wenn sie dieses unter betriebsgewöhnlichen Umständen erheblich überschritten haben sollten [vgl. auch GUTENBERG / L 43, S. 367 f.].

Bei *quantitativer Anpassung* (Variable ist m), das heißt bei Kapazitätsänderungen, welche die ursprüngliche Prämisse konstanter Faktorbestände aufheben, so wie sie bisher galten, werden die Leistungszeit t und die Intensität d als konstant angenommen. Zwei Versionen sind dann möglich: Zum einen kann eine Kapazitätserweiterung in – theoretisch unendlich teilbaren – gleichartigen Kombinationen von Potentialfaktoren auf multiplem Wege erfolgen. Zum anderen können hierfür qualitativ ungleichartige Kombinationen bei gleichem Ausbringungsvermögen zur Verfügung stehen, wobei deren Einsatz in der Reihenfolge ihrer Wirtschaftlichkeit vorgesehen werden wird. Dies wäre der Spezialfall der *selektiven Anpassung.* Im Normalfall müssen aufgrund der absoluten Gleichartigkeit die jeder einzusetzenden produktiven Kombination eigenen fixen Kosten (intervallfixe Kosten) K_{if} und ihre variablen Kosten k_v sowie ihr Leistungsvermögen m völlig identisch sein. In Abbildung 21 ergeben sich bei jeweils voller Auslastung für die Ausbringungsmengen m, 2 m, 3 m, 4 m usw. die Kosten K_1, K_2, K_3, K_4 usw. Bei totaler Stilllegung treten dagegen nur die absolut fixen Kosten $K_{af} = K_0$ auf. Der – schräge Stufen zeigende – Treppenzug von K_0 nach K_4 stellt die effektive Kostenfunktion dar, die jeweils bei Inbetriebnahme einer neuen produktiven Kombination *Sprungkosten* in der Höhe der intervallfixen Kosten K_{if} zeigt. Werden bei einem Rückgang der Kapazitätsausnutzung die jeweils nicht mehr benötigten produktiven Kombinationen nicht sofort bei Erreichen der Mengen m, 2 m, 3 m usw. stillgelegt (und ggf. veräußert), so verläuft die Kostenkurve dann oberhalb des Treppenzuges: Es entstehen aus betriebspolitischen Gründen (bewußt) in Kauf genommene *Kostenremanenzen* [abbaufähige Leerkosten, s. S. 60], die bis zu der gestrichelten Linie in Abbildung 21, der Kostenfunktion bei echter funktionaler Anpassung, reichen können.

Die Kostenverläufe zwischen den einzelnen Beträgen für m sind hier nicht relevant, weil solche Ausbringungsmengen nur mittels einer zeitlichen oder intensitätsmäßigen Anpassung zu erreichen sind. Wird nunmehr – theoretisch – unendliche Teilbarkeit der Produktionsfaktoren unterstellt, und die Situation beispielsweise eines Feinstrumpfherstellers mit mehreren 100 oder gar 1000 automatisierten Strumpfautomaten kommt die-

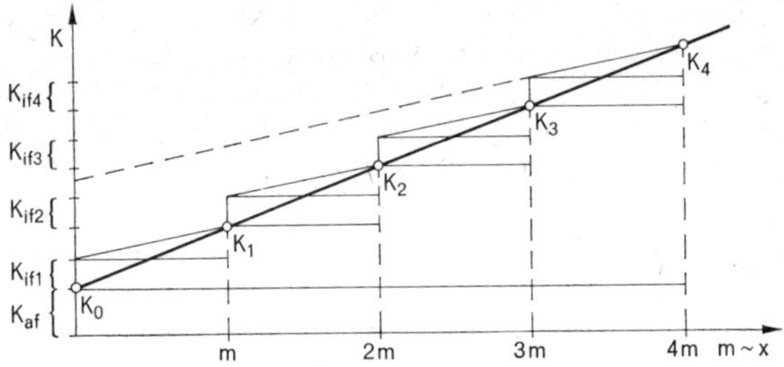

Abbildung 21: Kosten bei quantitativer Anpassung

sem Fall gedanklich schon recht nahe, so rücken (graphisch) die Mengen m, 2 m, 3 m ... 100 m ... im Diagramm so nahe zusammen, daß es mit Vorbehalten erlaubt ist, die Kostenpunkte K_1, K_2, K_3, K_4 usw. durch eine gerade Linie zu verbinden. Sie läßt sich als die – an sich unstetige – Kostenfunktion für den Fall quantitativer Anpassung ansprechen. – Im Spezialfall selektiver Anpassung wird bei gleichbleibenden Ausbringungsmengen m pro Kombination die sinkende Güte der Kombinationen [s. S. 58] zu steigenden intervallfixen Kosten und/oder stärker zunehmenden variablen Kosten sowie unter Umständen auch zu geringeren maximalen Ausbringungsmengen $m' < m$ pro Kombination führen und so einen progressiven Anstieg der Verbindungslinie bewirken.

Unendliche Teilbarkeit produktiver Kombinationen ist realiter nicht gegeben. Intervallfixe und auch absolut *fixe Kosten* bilden deshalb einen wesentlichen Bestandteil kostentheoretischer und betriebspolitischer Überlegungen. Ihre Existenz läßt sich eigentlich nur durch volle Auslastungen der produktiven Kombinationen rechtfertigen. Bei verminderter Auslastung können sie nicht oder nur in Intervallen »abgebaut« werden. Nach ihrer Abbaufähigkeit unterscheidet RIEBEL [L 151, S. 144] in Übereinstimmung mit der klassischen Kostentheorie zunächst zwischen *Stillstandskosten und Bereitschaftskosten,* differenziert aber die letztgenannten in statische, wenn beispielsweise ein Heizkraftwerk ruht, das Personal jedoch anwesend ist, und dynamische, die verschiedenen Grades sein können. So werden bei einer dynamischen Betriebsbereitschaft niederen Grades z. B. die Dampfkessel bereits unter Druck stehen, bei einer mittleren Grades sind die Turbinen vorgewärmt und bei derjenigen höchsten Grades laufen die Turbinen im Leerlauf, nur die Generatoren sind noch nicht beaufschlagt. GUTENBERG verzichtet auf eine solche detaillierte Unterscheidung; bei ihm bleibt es mit Rücksicht auf sein theoretisches Anliegen dahingestellt, ob bei quantitativer Anpassung »die stillgelegten Aggregate entweder verkauft ... oder in Betriebsbereitschaft gehalten werden« [GUTENBERG/L 43, S. 380]. Je nach der Situation wären die Ab- oder Aufbaukosten unter die intervallfixen Kosten zu subsumieren.

Neben dieser Spaltung ist ferner die Differenzierung der fixen Kosten nach ihrer dispositiv bedingten Zurechnungsfähigkeit auf die Erzeugungsleistungen von Bedeutung. Sie führt zur Unterscheidung von *Nutzkosten* K_N und *Leerkosten* K_L [vgl. GUTENBERG/L 43, S. 348 ff.] Wird eine produktive Kombination voll genutzt, so sind die fixen Kosten in vollem Umfang Nutzkosten, wird sie nicht genutzt, so sind sie ausschließlich Leerkosten. Wird sie dagegen teilweise, beispielsweise zu k%, genutzt, so sind dementsprechend k % der fixen Kosten Nutzkosten, und die Differenz (100−k)% kennzeichnet die Leerkosten [s. Abbildung 22]. Leerkosten sind mangels ausreichender Auslastung nicht gedeckte fixe Kosten im Sinne nicht abbaufähiger Mehrkosten. Definitionsgemäß ergibt die Summe von Nutz- und Leerkosten stets die fixen Kosten ($K_f = K_N + K_L$).

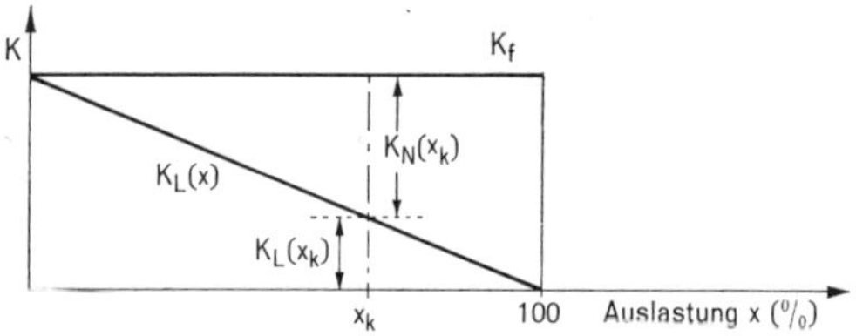

Abbildung 22: Aufspaltung der fixen Kosten in Nutz- und Leerkosten

Von Bedeutung ist die Herausstellung von Leerkosten aus mehrfachen Gründen. Abgesehen davon, daß sie bei der Abweichungsanalyse der Plankostenrechnung das Maß von Beschäftigungsabweichungen widerspiegeln, deuten sie auf die Problematik mangelnder Teilbarkeit technischer Apparaturen, produktiver Kombinationen und überhaupt des gesamten dispositiven »Apparates« eines Betriebes hin. Im Fall der quantitativen Anpassung [Abbildung 21] sind sie Ursache und Ausmaß der im Vergleich zur idealen (linearen) Kostenfunktion von K_0 nach K_4 sich ergebenden Mehrbeträge der effektiven Kostenfunktion, welche durch den Treppenzug von K_0 nach K_4 gekennzeichnet ist. Je geringer die Teilbarkeit produktiver Kombinationen ist, desto mehr und eher werden bei ungenügender quantitativer und qualitativer Auslastung [s. S. 88] der Kombinationen Leerkosten anfallen. Dies ist regelmäßig der Fall bei unvollkommener Kapazitätsharmonisierung [s. Abschnitt V. 4.] sowie mangelhafter Gestaltung von Erzeugungsprozessen [s. Abschnitt VII.]. Leerkosten sind damit auch Folgen betriebspolitischer Entscheidungen von Leitungsinstanzen. Ihr Auftreten kann zwar gerechtfertigt sein, wenn bei quantitativer Anpassung vorerst noch teilweise genutzte Produktionsfaktoren in absehbarer Zeit in dem erwarteten Umfang genutzt werden; es ist aber nicht gerechtfertigt, wenn es auf falschen Erwartungen basiert oder gar auf Planungsfehlern, die sich sowohl auf den Faktorbestand als auch auf den Erzeugungsprozeß und das Erzeugungsprogramm erstrecken können. Leerkosten sind dispositiv bestimmt, weil jede Betriebs- und Geschäftsleitung letztlich über die Norm der Kapazitätsausnutzung [s. Abschnitt V. 2.] und damit über die Größe der Verteilungsbasis entscheidet. Das hat zur Folge, daß bei übernormaler Kapazitätsausnutzung auch »negative Leerkosten« auftreten können.

Mit diesen betriebspolitischen, zukunftsgerichteten Aspekten zielen die Überlegungen auf *langfristige Kostenabhängigkeiten* hin. Für eine solche Problemstellung genügt nicht mehr eine reine Erklärung von Kostenabhängigkeiten, von denen hier nur die besonders wichtige von der Ausbringungsmenge behandelt wurde. Weitere wären übrigens die Auftragsgröße, die Verweilzeit und alle diejenigen, die in dem ausführlichen Katalog bei HENZEL / L 50, S. 295 und S. 303 ff. genannt werden. Entsprechend der Feststellung von HENZEL [L 50, S. 280], daß der Unternehmer der Disponent seiner Kosten sei, müssen bei langfristigen Kostenabhängigkeiten in stärkerem Maße als bisher auch auf Gestaltungsprobleme ausgerichtete Erwägungen angesprochen werden. Das gilt sowohl für die Kennzeichnung multipler *Betriebsgrößenvariationen* als auch insbesondere für mutative Betriebsgrößenvariationen und sinngemäß auch für Anlagengrößenvariationen sowie schließlich für das Problem der Verfahrenswahl [s. Abschnitt V. 1.]. Das gleiche gilt ferner für alle die vielseitigen Fragestellungen der Kostentheorie, sobald sie auf die simultane Variation mehrerer Anpassungsarten und die mehrstufige Mehrprodukterzeugung ausgerichtet wird. Dabei muß sie sich vielfach operationsanalytischer Kalküle bedienen. Hierzu sowie auch wegen näherer Einzelheiten zu der Theorie der Kosten für eine einstufige Einprodukterzeugung sei auf die Spezialliteratur verwiesen, insbesondere auf ELLER / L 29; GUTENBERG / L 43; HEINEN / L 46; HENZEL / L 50; KILGER / L 62; LÜCKE / L 77; MELLEROWICZ / L 81; PACK / L 94 und SCHNEIDER / L 110.

V. Die Gestaltung von Erzeugungspotentialen

1. Die Wahl der Erzeugungsverfahren

Jeder Gestaltung von Erzeugungspotentialen müssen notwendigerweise Entscheidungen über die zur Erreichung des materiellen Leistungszieles anzuwendenden Erzeugungsverfahren vorangehen. Fast jedes Ziel läßt sich auf verschiedenen Wegen erreichen, und analog lassen sich gleichartige Erzeugnisse meist mittels verschiedener technologischer Verfahren herstellen, wie z. B. Pleuelstangen durch Freiform- und Gesenkschmieden. Unter ökonomischen Gesichtspunkten wird bei gegebenen Betriebsbedingungen dasjenige Verfahren zu wählen sein, welches das materielle Leistungsziel unter Beachtung der formalen Zielsetzung am besten zu erreichen verspricht. Das so determinierte Verfahren bestimmt seinerseits das Betriebsmittelpotential des Betriebes. Es soll sich demnach im *Zustand verfahrenstechnischer Adäquanz* (Entsprechung, Eignung) befinden [Gutenberg/L 43, S. 111]. Inwieweit dieser Forderung im Einzelfall entsprochen wird und entsprochen werden kann, hängt einerseits ab von der qualitativen Beschaffenheit des Betriebsmittelbestandes nach dem gegenwärtigen Stand der Technik oder den Möglichkeiten, diesen Stand mit Rücksicht auf die finanzpolitische Situation und die Bilanzpolitik der Unternehmung zu erreichen, und anderseits von den Erwartungen über die qualitative und quantitative Auftragsstuktur. Der qualitative Aspekt ergibt sich aus dem Umfang der Spezialisierung des Erzeugungsprogramms; er wurde bereits im Abschnitt III. 3. behandelt. Der quantitative Aspekt bedarf dagegen eines Rückgriffs auf diejenigen kostentheoretischen Zusammenhänge, bei denen die Ausbringungsmengen Aktionsparameter waren.

Ein Faktum der betrieblichen Praxis ist es, daß relativ einfache, auf eine geringe Leistungsfähigkeit ausgelegte Betriebsmittel (z. B. Preßluftbohrer oder gar Hacken zur Kohlegewinnung vor Ort) in ihren Anschaffungskosten billiger, in ihren Betriebskosten einschließlich der mit ihnen verbundenen Personalkosten pro Leistungseinheit dagegen teurer sind als maschinisierte oder automatisierte, auf ein größeres Leistungsvermögen ausgelegte Betriebsmittel (z. B. Kohlenhobel, Bohrschrämlader). Die Herstellung leistungsfähigerer und damit aufwendigerer Betriebsmittel findet eben nur ihre Rechtfertigung, wenn diese so eingesetzt werden, daß deren größere Leistungsergebnisse mit niedrigeren Einheitskosten erzielt werden. Die bei einem Verfahren II anfallenden Einheitskosten k_2 werden deshalb im allgemeinen von einem gewissen Leistungsumfang an trotz einer höheren Investitionssumme aufgrund des Gesetzes der Massenproduktion [s. S. 25] geringer ausfallen als die Einheitskosten k_1 eines nicht so leistungsfähigen und aufwendigen Verfahrens (Betriebsmittel). In Abbildung 23 sind die Gesamtkostenfunktionen K und in Abbildung 24 die ihnen entsprechenden Einheitskostenfunktionen für eine einfachere Universalmaschine (I) und eine leistungsfähigere Spezialmaschine (II) bei zeitlicher oder intensitätsmäßiger Anpassung an unterschiedliche Ausbringungsmengen x aufgetragen [vgl. auch LUDWIG/L 78].

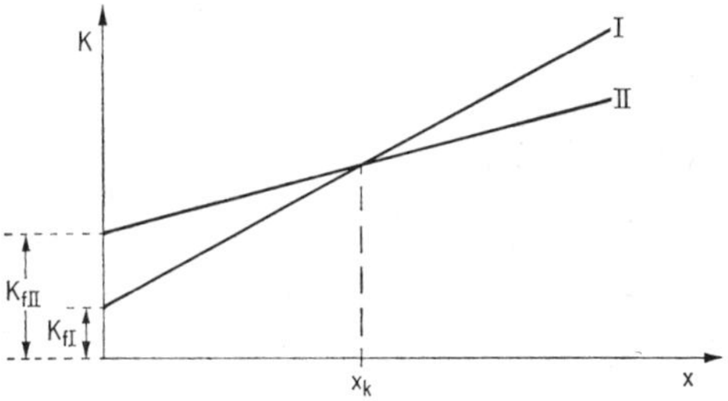

Abbildung 23: Gesamtkostenfunktionen von 2 Erzeugungsverfahren

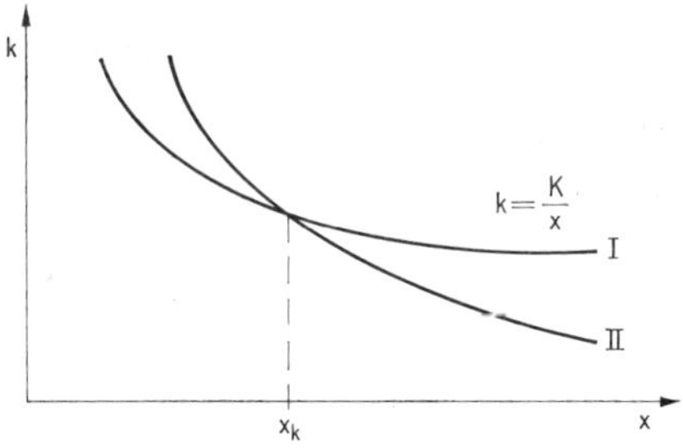

Abbildung 24: Einheitskostenfunktionen von 2 Erzeugungsverfahren

Offensichtlich hängt die Eignung eines bestimmten Verfahrens vergleichsweise zu einem oder mehreren anderen von der mit ihm zu erstellenden Leistungsmenge ab. Diejenige Menge x_k, von der an es sich – meist aufgrund von Kostenerwägungen – »lohnt«, einem bestimmten Verfahren gegenüber einem anderen den Vorzug zu geben, ist die »*kritische Menge*« [GUTENBERG/L 43, S. 111]. In Abbildung 23 und 24 sind für $x < x_k$ das Verfahren I und für $x > x_k$ das Verfahren II jeweils kostengünstiger. Die Verfahrenswahl wird folglich von den langfristigen Erwartungen einer Betriebs- und Geschäftsleitung über die Auslastungen eines zu wählenden Betriebsmittels (Verfahrens) in dessen gesamter Nutzungsperiode abhängen. Diese kann jedoch ex ante niemals exakt vorausbestimmt werden. Die Bemessung der – insbesondere aus den Anschaffungskosten in Form von Abschreibungen resultierenden – fixen Kosten, welche für die Fixierung von x_k in der Hauptsache maßgebend sind, muß daher notwendigerweise Unsicherheiten und Risiken in den Kalkülen von Verfahrensvergleichen begründen. Das gleiche gilt selbstverständlich für jede Art der Kostenzurechnung. Für sie finden sich zahlreiche Beispiele bei WITTHOFF [L 126]. Im übrigen ist darauf zu verweisen, daß einmal getroffene Entscheidungen über anzuwendende Erzeugungsverfahren recht häufig eine längere *Entscheidungsbindungsdauer* zur Folge haben. Sie beeinflussen daher nicht nur die Zusammensetzung der späteren Erzeugungsprogramme nach Arten und Mengen, sondern bedürfen an sich eines Verfahrensvergleichs. Dieser darf aber nicht nur, wie zuvor entwickelt, einperiodisch sein. Eine solche Vergleichsbasis hat ihre Berechtigung ausschließlich dann, wenn die Auslastungen und die jenen entsprechenden Kosten in allen Perioden der Anlagennutzung annähernd gleich bleiben. Sonst wären die Methoden mehrperiodischer Investitionsrechnungen [s. S. 73 f.] anzuwenden. Außerdem stellen solche einperiodischen Überlegungen nur ein isoliertes Modelldenken dar, das meist keine Rücksicht auf die innerbetrieblichen Interdependenzen nimmt, wie sie zwischen den betrieblichen Leistungsstellen fast immer gegeben sind.

Mit einer noch immer relativ abstrakten Problemstellung, die bei einer operationsanalytischen Lösung durchaus noch komplexer gehalten sein könnte [vgl. KILGER/L 145, S. 155 ff. und L 168, S. 178 ff.], sollen diese Zusammenhänge demonstriert und ein formaler Lösungsansatz entwickelt werden. Generell gilt zunächst wieder der Kostenvergleich mit der Fragestellung »K_1 (x) $\gtrless$ K_2 (x)?«. Werden die Rüstkosten (Installationskosten als Ausdruck der fixen Verfahrenskosten) eines Verfahrens v mit K_{Rv}, die Stückkosten (bei voller Anlagennutzung) mit k_{Pv} und die zu erzeugenden Stückzahlen (Auftragsmenge) der Auftragsart i (i = 1, 2 ... m) mit x_i gekennzeichnet, so gilt für die Erzeugung nur einer einzigen Auftragsart i und Fehlen jeglicher Restriktionen (Engpässe, Verknüpfungen) für nur zwei mögliche Verfahren das Kriterium:

$$K_{R1} + x_i \cdot k_{P1} \gtreqless K_{R2} + x_i \cdot k_{P2}$$

Die kritische Menge x_k (ausgedrückt in Einheiten des Erzeugnisses i) ist zu erhalten, wenn das Größer- und Kleiner-Symbol durch das Gleichheitszeichen als Bedingung für x_k ersetzt und die Gleichung nach x_k aufgelöst wird:

$$x_k = \frac{K_{R2} - K_{R1}}{k_{P1} - k_{P2}}$$

Maßgeblich ist für diesen Verfahrensvergleich folglich der Quotient aus den Differenzen jeweils der fixen und der proportionalen Kosten. – Bei einer mehrstufigen Mehrprodukterzeugung mit j = 1, 2 . . . k . . . n Arbeitsgängen und i = 1, 2 . . . m Auftragsarten mögen nunmehr – ausschließlich – in der Stufe k mehrere verfahrenstechnische Möglichkeiten v = 1, 2 . . . w bestehen, Rüstkosten und Leerkosten aber irrelevant sein. Für dieses komplexere Problem gelte wieder Kostenminimierung als Ziel. Dabei kann aber in der Stufe k jedes Verfahren (Betriebsmittel) v nur für eine beschränkte Zeit T_{kv} zur Verfügung stehen (Engpaßsituation), jede Erzeugnisart i vermag aber mit entsprechenden Stückzeiten t_{ikv} nach mehreren Verfahren hergestellt zu werden. Die Kosten pro Zeiteinheit des Verfahrens v in Stufe k belaufen sich auf c_{kv}. Die Lösung dieses Problems erfolgt zweckmäßig mit Hilfe eines Modells der linearen Optimierung. Dieses enthält eine Zielfunktion, die sich auf eine Kostenminimierung der Stufe k beschränken kann [vgl. hierzu die näheren Ausführungen und ein numerisches Beispiel bei KILGER / L 145, S. 173 ff.]:

$$\sum_{i=1}^{m} \sum_{v=1}^{w} x_{iv} \, (t_{ikv} \cdot c_{kv}) = K_k = \min!$$

Gleichzeitig sind die (m + w) + m · w Nebenbedingungen zu beachten:

$$\sum_{i=1}^{m} x_{lv} \cdot t_{\imath kv} \leqq T_{kv} \qquad (\text{für } v = 1, 2 \ldots w)$$

$$\sum_{v=1}^{w} x_{iv} = x_i \qquad (\text{für } i = 1, 2 \ldots m)$$

$$x_{iv} \geqq 0 \qquad (\text{für } i = 1, 2 \ldots m \text{ und } v = 1, 2 \ldots w)$$

Die Problemstellungen und Kalküle der Verfahrenswahl gelten nicht nur hinsichtlich der Anschaffung und Inbetriebnahme von Betriebsmitteln oder der mit ihnen zu bildenden produktiven Kombinationen, sondern gleichermaßen auch für übergeordnete oder ähnliche Aufgabenstellungen, sobald nur der Verfahrensbegriff entsprechend weit ausgelegt wird. So stellen beispielsweise die auf S. 27 herausgestellten Organisationstypen der Erzeugung wie Werkstatt- und Fließfertigung zugleich auch Verfahrenstypen dar, von denen das verfahrenstechnische Optimum gegebenenfalls mit Hilfe eines kalkulatorischen oder investitionstheoretischen Verfahrensvergleichs zu ermitteln wäre.

Als spezielles Problem eines strukturbestimmenden Verfahrensvergleichs erweist sich auch die Frage nach dem Umfang von *Eigenfertigung und Fremdbezug* (make or buy). Sie wurde auf S. 44 f. bereits im Zusammenhang mit der Suche nach der zweckmäßigsten Kollektionsbreite und dem Führen von Handelswaren in der eigenen Kollektion tangiert, äußert sich aber auch in umgekehrter Richtung beim Erwägen einer Vergabe von Lohnarbeit an fremde Betriebe (verlängerte Werkbank) oder Beschäftigung von Heimarbeitern. Solche Ausweichmöglichkeiten stellen sich, falls die eigenen Kapazitäten nicht ausreichen, aber auch nicht erweitert werden sollen. Eigenfertigung oder Fremdbezug sind Verfahrensalternativen mit meist langfristigem Aspekt, weil eine einmal eingerichtete Eigenfertigung in der Regel nicht so leicht und schnell wieder aufgegeben wird. Das Problem zeigt sich sowohl horizontal, falls durch partiellen Fremdbezug die Leistungsbreite eines Betriebes vergrößert werden soll, als auch in vertikaler Richtung, wenn – retrograd – Vorstufen integriert oder – progressiv – weiterverarbeitende Leistungsstufen angegliedert werden sollen und ein Betrieb sich zu einem mehrstufigen hin entwickelt [s. S. 24 f.]. So besaß z. B. im Jahr 1960 die Firma Daimler-Benz 16 558 Zulieferanten, und für die Firmen Opel werden 7660, Siemens und AEG je ca. 30 000, Farbenfabriken Bayer ca. 17 500, BASF ca. 10 000 und Mannesmann ca. 14 000 Zulieferbetriebe genannt [Conzelmann, P., Risiken und Chancen der mittelständischen Zulieferer und wirtschaftspolitische Möglichkeiten der Risikoabgrenzung (hrsg. als Manuskript vom Ministerium für Wirtschaft, Mittelstand und Verkehr des Landes Nordrhein-Westfalen, o. O. (Düsseldorf) 1964, S. 16 f.)].

Voraussetzungen für Fremdbezug sind die Möglichkeit, daß die betreffende Erzeugungsphase technologisch selbständig sein kann, und die Existenz eines Marktes für Zwischenerzeugnisse. Dieser Markt bildet sich meist an den Grenzen von solchen Erzeugungsstufen, die jeweils andere technische Kenntnisse erfordern. So stellt sich beispielsweise das Problem für Maschinenfabriken hinsichtlich einer eigenen Werksgießerei oder der Beauftragung von Kundengießereien, in der Textilindustrie zwischen Eigen- und Fremdausrüstung (einschließlich Färberei) und bei fast allen Industriebetrieben hinsichtlich der Hilfsdienste als Frage einer Eigenstromerzeugung oder des Fremdstrombezuges sowie der Unterhaltung einer eigenen Reparaturwerkstatt oder der Inanspruchnahme von eigenständigen Reparaturbetrieben. Bei der Lösung dieser Probleme sind aber nicht nur reine Wirtschaftlichkeitserwägungen (Kostenaspekte) relevant, sondern auch das Maß eigener Verfahrensbeherrschung, die mögliche Kapazitätsausnutzung, Aspekte der Bezugssicherheit, Qualitätssicherheit und Geheimhaltung. Ferner können ein Prestigedenken, ein Autarkiestreben und geschäftspolitische Rücksichtnahmen sowie schließlich die langfristigen unternehmerischen Erwartungen selbst und die Möglichkeiten zwischenbetrieblicher Kooperation Berücksichtigung heischen. Eingehendere Untersuchungen zu diesem Problemkreis finden sich u. a. bei COENENBERG / L 137; FERNER u. a. / L 140; KILGER / L 145; KRÜGER / L 147; MÄNNEL / L 149 u. L 169 und RASCH / L 98.

Schließlich sei noch auf das bereits angedeutete Spezialproblem [s. S. 61] der *mutativen Betriebsgrößenvariation* hingewiesen [vgl. hierzu insbesondere GUTENBERG / L 43, S. 428 ff.], die mit einer Änderung der qualitativen Zusammensetzung der Produktionsfaktoren und damit auch der Produktions- und Kostenfunktionen einhergeht. Das wäre insbesondere der Fall bei einer Verlagerung von menschlicher auf maschinelle Arbeit, von Fertigungsarbeit zu Hilfsarbeit und dispositiver Arbeit sowie bei einer Substitution kleinerer durch größere Betriebsmittel und mechanisierter durch teil- oder vollautomatisierte Fertigung (z. B. Spitzendrehbank – Revolverdrehbank – Drehautomaten). Solche Problemstellungen lassen sich, wie bei der Verfahrenswahl, nur jetzt in der Regel mit mehr als zwei Verfahrensmöglichkeiten, durch eine Abfolge von betriebsgrößen- oder eben auch anlagengrößenspezifischen Kostenfunktionen $K_i(x)$ und $k_i(x)$ beleuchten [Abbildungen 25 und 26].

Obwohl generell kein gesetzmäßiger Zusammenhang zwischen Kostenanfall und Betriebs- oder Anlagengröße existiert, lassen sich doch gewisse Tendenzen erkennen, die bei hinreichender Teilbarkeit der Anlagengrößen die Konstruktion von *Kostenkurven für langfristige Anpassung* als Hüllkurven $H(x)$ und $h(x)$ zu den einzelnen Kostenfunktionen erlauben. Die langfristigen Kostenkurven kennzeichnen die Kostenverläufe beim Übergang eines Betriebes von einem Produktionsniveau zu dem

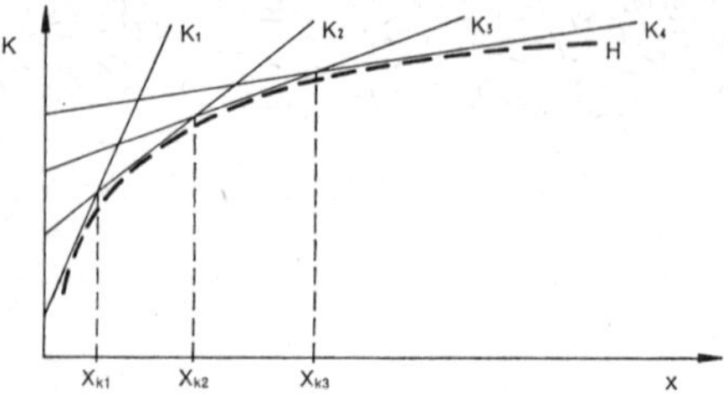

Abbildung 25: Langfristige Gesamtkostenkurve

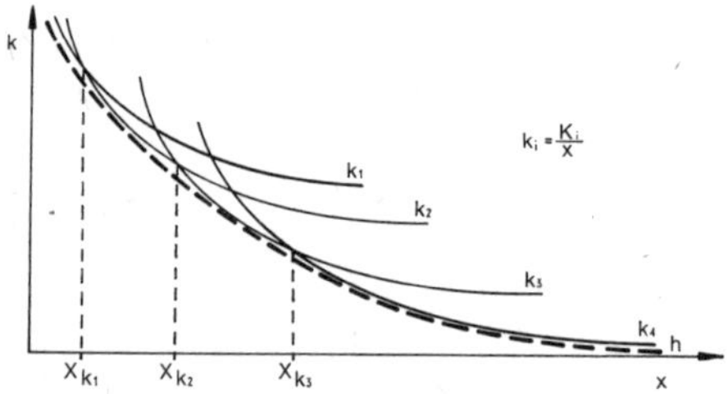

Abbildung 26: Langfristige Einheitskostenkurve

jeweils nächsten artverschiedenen Produktionsniveau. Werden, wie hier, Einflüsse seitens des dispositiven Faktors und Kosten zur Überwindung von wachsenden Marktwiderständen bei vermehrter Ausbringung außer Acht gelassen, so ist bei der Gesamtkostenkurve infolge abnehmender Grenzkosten (-zuwächse) eine Annäherung an eine horizontale Asymptote, bei der Einheitskostenkurve ein ständig abnehmendes Sinken zu erwarten. Technische Aggregate, die durch ihre Größe schließlich wieder höhere Stückkosten verursachen könnten, würden nämlich, selbst wenn sie entworfen werden sollten, nicht eingesetzt werden, weil in diesem Falle eine *multiple Betriebsgrößenvariation* mittels einfacher Vermehrung der Anlagenzahl (Batteriesystem) und damit ein Verzicht auf eine Änderung der Produktions- und Kostenfunktionen wirtschaftlicher wäre.

2. *Formen rationaler Betriebsmittelverwendung*

Menschliche Arbeit ist in ihrer Ergiebigkeit stark begrenzt, solange nicht an deren Unterstützung, Intensivierung oder gar Substitution durch Einsatz von Hilfsmitteln gedacht wird. Erst dadurch wird es möglich, ein (menschliches) Arbeitspotential nicht nur multipel, sondern auch mutativ zu vergrößern. Von allen diesen Hilfsmitteln, zu denen auch organisatorische Maßnahmen zu zählen wären, kommt die größte Bedeutung den Betriebsmitteln zu. *Betriebsmittel* sind insbesondere produzierte Produktionsmittel, welche die Erstellung technischer Leistungen ermöglichen, erleichtern oder intensivieren sollen, sowie auch Grund und Boden. Durch sie wird das Wesen industrieller Erzeugung als Weiterentwicklung des Manufaktursystems überhaupt erst begründet. Ihre Ergiebigkeit hängt ab von ihrer Eignung, Kapazität, Elastizität, Modernität, Abnutzung und Betriebsfähigkeit. Betriebsmittel sind äußerst unterschiedlicher Art. Sie sind zu unterscheiden in solche für direkte Produktionsbeteiligung ohne eigenes Leistungsvermögen (z. B. Werkzeuge, Spannzeuge, Meßzeuge, Vorrichtungen), in solche für direkte Produktionsbeteiligung mit eigenem Leistungsvermögen (z. B. energieumwandelnde Kraft- und energieverbrauchende Arbeitsmaschinen, Apparaturen und Behälter, Öfen und Kessel) und in solche für indirekte Produktionsbeteiligung (z. B. Grund und Boden, Betriebsgebäude, Förder- und Klimaanlagen, Betriebs- und Geschäftsausstattung, wie Regale, Tische, Paletten usw.). Dazu vgl. KERN / L 57, S. 53.

Betriebsmittel erweisen sich, insbesondere diejenigen der zweiten Kategorie, dem Menschen sogar häufig überlegen. Sie arbeiten nämlich im allgemeinen unvermindert gleich, zuverlässiger und auch schneller als ein Mensch, der ermüdet und Fehler machen kann. Betriebsmittel sind durch die Verwendung motorischer Energie (Elektrizität, Gas, Dampf, Preßluft, Wasserkraft usw.) auch stärker, hinsichtlich ihrer Flexibilität oder Elastizität bei Aufgabenwechsel im Gegensatz zum Vielzweck-Produktionsfaktor »Mensch« jedoch nur als Mehr- oder gar Einzweck-Produktionsfaktoren anzusprechen. Trotzdem überwiegen die erstgenannten Vorteile, so daß die Arbeitsprozesse immer mehr diesen sachlichen Leistungserbringern übertragen wurden und werden. Die Folge ist eine zunehmende Starrheit (Unelastizität) industrieller Erzeugungspotentiale und eine ständig vermehrte Kapitalbindung (kapitalistische Produktion) mit allen ihren betriebswirtschaftlichen und volkswirtschaftlichen Konsequenzen.

Mit dem Begriff der *Elastizität* eines Betriebsmittels werden zwei verschiedene Sachverhalte angesprochen. Zum einen ist es das Ausmaß für die Schnelligkeit und Leichtigkeit, ein Betriebsmittel auch für andere als die bisher wahrgenommenen Aufgaben einzusetzen. So sind Universalmaschinen im Gegensatz zu Spezialmaschinen direkt für einen vielseitigen Einsatz konstruiert worden. Ihre Inanspruchnahme für Zwecke der Massenfertigung mit entsprechend wenig Umstellungen wäre sogar wegen der Nichtausnutzung ihrer qualitativen Kapazität als verfehlt zu bezeichnen. Zum anderen erstreckt sich die Elastizität auf das Ausmaß, mit dem die Einheitskosten k und entsprechend die Stückzeiten t auf Änderungen in der quantitativen Auslastung reagieren [gemäß $\eta = -dk/k : dx/x$ oder $-dt/t : dx/x$]. Bei einer solchen Bewertung kommt im allgemeinen den Kosten von Spezialmaschinen M_s eine höhere Elastizität zu als denen von Universalmaschinen M_u [s. Abbildung 27]. In gewissen Grenzen ist es möglich, die Vorteile von Spezialisierung und Elastizität von Betriebsmitteln miteinander zu verknüpfen. Dazu werden gemäß dem Baukastensystem der Technik [s. S. 39 f.] benötigte Spezialmaschinen (z. B. Walzstraßen) jeweils aus – auswechselbaren – Aufbaueinheiten zusammengesetzt [vgl. ROPOHL/SCHREIBER/ L 152]. Zum Sachverhalt der Elastizität vgl. PACK/L 94 und RIEBEL/L 101.

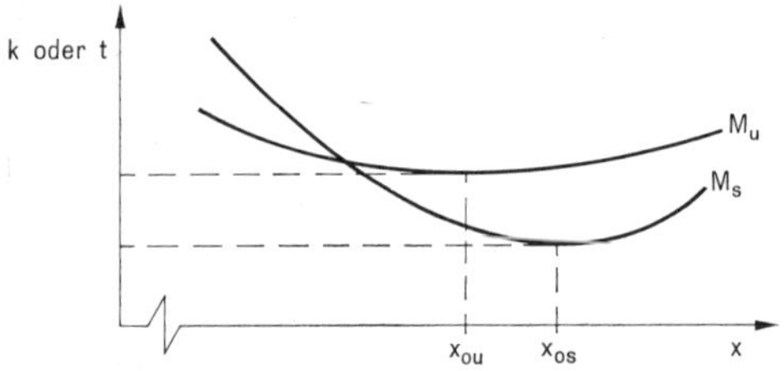

Abbildung 27: Stückkosten oder -zeiten einer Universal- und einer Spezialmaschine

Eine Konsequenz der Spezialisierung industrieller Erzeugungsprozesse ist in einer weiteren Entwicklungsstufe bei noch stärkerer Ablösung menschlicher Funktionen die *Automatisierung.* Sie ist im Bereich industrieller Erzeugung die logische Weiterentwicklung der Mechanisierung und Maschinisierung. Dabei liegt ihr Spezifikum in der Variabilität und Anpassungsfähigkeit der Steuerung einer Maschine (z. B. mit Lochband oder Magnetband) und im fortgeschrittensten Fall sogar in der Selbststeuerung, das heißt, in der selbsttätigen Korrektur von (Positionierungs-) Fehlern im Rahmen eines auf laufende Soll-Ist-Vergleiche ausgerichteten Regelkreises. Zur Deutung der Automatisierung vgl.

auch Grochla / L 40, S. 29 ff. *Mechanisierung* ist dagegen nur der Ersatz und die Erleichterung menschlichen Arbeitsvollzuges durch Betriebsmittel mit und ohne eigenem Leistungsvermögen unter Ausnutzung der Erkenntnisse der Mechanik. Dagegen kennzeichnet die *Maschinisierung* bereits die Ablösung menschlichen Arbeitsvollzuges durch Betriebsmittel mit eigenem Leistungsvermögen, wobei die Antriebsenergie aus anderen Quellen als der menschlichen Muskelkraft stammt.

Die automatisierte Fertigung greift folglich weiter. Ihre Vorzüge sind so vielseitig, daß hier nur beispielhaft die eine rationellere Erzeugung bewirkende Verkürzung von Bearbeitungszeiten und Einsparung von Facharbeitern sowie auch die Verbesserung von Erzeugnisqualitäten, Erhöhung der Betriebssicherheit und die Transportrationalisierung genannt seien. Die Einheitskosten liegen bei voller Auslastung fast immer unter denen voll ausgenutzter nichtautomatisierter Anlagen, hingegen übersteigen sie jene bei Teilauslastung (z. B. unter 80%). Es gelten hier offensichtlich die gleichen Überlegungen wie bei dem Vergleich von Universal- und Spezialmaschinen. Dabei ist zusätzlich zu beachten, daß die Automatisierung zahlreiche weitere Probleme, wie z. B. hinsichtlich der Erzeugnisgestaltung, der Erzeugungsplanung und -steuerung, der räumlichen Erzeugungsorganisation, der Materialbewirtschaftung usw. bis hin zur Betriebssoziologie, stellt.

Eine spezielle Form neuzeitlicher Technisierung zeigt sich ferner – teilweise in Verbindung mit der Automatisierung – in der *Kopplung von Arbeitsoperationen.* Diese Entwicklung läuft auf technischem Gebiet der Arbeitszerlegung gewissermaßen [s. S. 77 f.] entgegen. Mit beiden kann die Effizienz menschlichen Leistungsvollzuges gesteigert werden. Es ist zwischen horizontalen und vertikalen Kopplungen zu unterscheiden. Bei horizontalen Arbeitsstellenkopplungen, wie z. B. bei Ringspinnmaschinen und Spulmaschinen, steht das Ziel einer Ausnutzung des gleichen Antriebs bei äußerster Verdichtung der Arbeitsstellen (Spinnstellen) auf einen Raum zum Zwecke arbeitssparender Mehrstellen-(-maschinen-)Bedienung im Vordergrund. Bei vertikalen Arbeitsstellenkopplungen, wie z. B. bei verketteten Maschinen, Transferstraßen zur Motorblockbearbeitung, Papiermaschinen mit Sieb-, Filz- und Trockenpartie und Mehrspindeldrehautomaten sowie Rundlaufmaschinen, ist dagegen das organisatorische Prozeßfolgeprinzip [s. S. 27] bis zur vollautomatisierten Verkettung der Arbeitsstellen mit und ohne Puffermöglichkeiten bei festen Taktfolgen rein technisch realisiert worden. Dies hat zur Folge, daß sich der Faktor menschliche Arbeit weitgehend auf Überwachungsfunktionen beschränken kann, weil die Störanfälligkeit – als Gegenwahrscheinlichkeit des Produkts aus den Zuverlässigkeiten aller Teilaggregate – solcher Aggregationen und überhaupt deren Wartung einer besonderen Obacht bedarf.

Dieser Hinweis läßt bei zunehmender Anlagenintensität industrieller Erzeugung die ständig wachsende Bedeutung erkennen, die der *Anlagenunterhaltung* zwecks Aufrechterhaltung der Betriebsfähigkeit zukommt. Sie kann sporadisch, bei Bedarf und nach Plan erfolgen und ist nötig zur Erhaltung der Erzeugnisgüte, zur Terminsicherheit, zur Unfallverhütung und überhaupt zur Wirtschaftlichkeit der Erzeugungsprozesse, weil jede Störung letztlich diese beeinträchtigt. Außerdem wird sie hin und wieder auch durch gesetzliche Vorschriften (z. B. Gewerbeordnung), Versicherungsbedingungen und Unfallverhütungsvorschriften der Berufsgenossenschaften bedingt. Sie umschließt die Schäden behebende Instandsetzung (Reparatur) und die Schäden verhütende Instandhaltung (Inganghaltung und Wartung) und kann durch eigene Werkstätten und/oder auch durch Fremdunternehmer wahrgenommen werden. Alle Gründe für eine systematische Anlagenunterhaltung bedingen eine ebenso präzise Gestaltung hinsichtlich der sich hier zeigenden aufbau- und ablauforganisatorischen Probleme wie die von Erzeugungsprozessen. Eingehendere Ausführungen hierzu finden sich in der Spezialliteratur, insbesondere bei BUSSMANN/MERTENS / L 23.

Eine weitere Konsequenz der zunehmenden Technisierung und steigenden Anlagenintensität industrieller Erzeugung ist – und dies wäre betriebswirtschaftlich eine der wichtigsten Folgen – die Notwendigkeit, künftige Anschaffungen von Betriebsmitteln, das heißt die Vornahme von Investitionen, so genau als möglich hinsichtlich ihrer Wirtschaftlichkeit zu durchleuchten. So betragen beispielsweise die durchschnittlichen Investitionssummen für einen Arbeitsplatz im Maschinenbau etwa 25 000 DM, in der Textilindustrie rund 35 000 DM, in der chemischen Industrie ca. 70 000 DM und in Brauereien ungefähr 95 000 DM. Das für Verfahrensvergleiche [s. S. 62 ff.] benutzte Instrumentarium, das sich auf die durchschnittlichen Kosten einer Periode stützt, wird meist in der Praxis auch zur Wirtschaftlichkeitsprüfung von (komplexen) Investitionsobjekten bevorzugt und verwendet, zumal Investitionsobjekte nichts anderes als die materielle Konkretisierung der auszuwählenden Verfahren sind. Eine wirklich aussagefähige *Investitionsrechnung* muß aber die gesamte Lebensdauer eines jeden Investitionsobjektes in ihren Kalkül einbeziehen und insofern mehrperiodisch sein. Dabei sind in der Regel am Anfang des Betrachtungszeitraums namhafte Anschaffungsausgaben zu tätigen, während in der Folge nur noch laufende Betriebsausgaben und Einnahmen fällig werden. Von ihnen sollen die letztgenannten einschließlich eventuell zu erzielender Restwerterlöse der Ausgabendeckung und der Amortisation der Primärinvestitionen dienen. Da aber Ausgaben und Einnahmen, die sich über einen längeren Zeitraum erstrecken, nicht ohne weiteres zu vergleichen sind, müssen sie mit Hilfe einer Verzinsung (Aufzinsung) oder Diskontierung (Abzinsung) vergleichbar gemacht werden. Dieser Konzeption werden die *finanzmathematischen Methoden* der Investitionsrechnung gerecht. Sie fußen entsprechend dem Diskontierungskonzept auf Zahlungsströmen und verwenden Kapitalwerte, interne Zinsfüße oder Annuitäten als Entscheidungskriterien [vgl. hierzu insbesondere SCHNEIDER/ L 109].

Ohne auf einige Unvollkommenheiten dieser Methoden einzugehen, sei die Grundidee der *Kapitalwertmethode* skizziert: Der Kapitalwert C einer Investition mit dem Anschaffungswert a_0 und einem Restwert e_R ist bei einem Zinsfuß p oder dem ihm entsprechenden Zinsfaktor $q = 1 + p/100$ die Summe aller auf einen Zeitpunkt t_0 diskontierten Einzahlungen e_t und Auszahlungen a_t, die zu Zeitpunkten $t > t_0$ erfolgen:

$$C_{t0} = -a_0 + (e_1 - a_1)q^{-1} + (e_2 - a_2)q^{-2} + \ldots + (e_n - a_n)q^{-n} + e_R\, q^{-n}$$

Für den Fall jährlich gleichbleibender Quasirenten $(e_t - a_t)$, wie sie in der Praxis aus Vereinfachungsgründen häufig angenommen werden, wodurch dann auch die Anwendung von kalkulatorischen Investitionsrechnungen gerechtfertigt würde, vereinfacht sich die Formel:

$$C_{t0} = -a_0 + e_R\, q^{-n} + (e - a)\,\frac{q^n - 1}{q^n\,(q - 1)}$$

Ist der auf den Zeitpunkt t_0 unmittelbar vor der Investition bezogene Kapitalwert bei einem vom Investor zu wählenden und die Renditenerwartung widerspiegelnden Zinsfuß nicht negativ, so ist die Investition für den Investor vorteilhaft (wirtschaftlich). Für einen Vorteilsvergleich zwischen zwei und mehr Investitionsobjekten gilt dann, sofern Gleichheit zwischen den Investitionsobjekten hinsichtlich Investitionsvolumen (-summen) und Investitionsdauer durch Einbeziehung sogenannter Differenzinvestitionen in den Kalkül erzielt worden ist, diejenige Investition »bei dem gegebenen Kalkulationszinsfuß am vorteilhaftesten, deren auf den Zeitpunkt unmittelbar vor Beginn der

Investition bezogener Kapitalwert am größten ist« [SCHNEIDER / L 109, S. 38].

Der Vorzug der finanzmathematischen Investitionsrechnungsmethoden liegt darin, daß sie die in der Praxis im Zeitablauf hinsichtlich ihrer Höhe meist variierenden Zahlungsströme problemgerecht erfassen. Nachteilig werden oft die etwas komplizierteren Modellansätze empfunden, die auf teilweise wirklichkeitsfremden Prämissen beruhen, wie z. B. der unbegrenzten Möglichkeit, Kapital zum gewählten Zinsfuß zu leihen und zu verleihen. Solche Unvollkommenheiten werden von den *operationsanalytischen Methoden*, die eine Weiterentwicklung der finanzmathematischen darstellen, behoben. Diese Modelle, welche Produktions-, Finanzierungs-, Absatz- und ähnliche Restriktionen einbeziehen, sind jedoch hinsichtlich ihrer Strukturen und Lösungsverfahren noch komplizierter. Eingehende Darstellungen finden sich u. a. bei ALBACH / L 5; JACOB / L 53; MASSÉ / L 79; SEELBACH / L 114. – Überlegungen, die auf eine Vereinfachung des Instrumentariums mehrperiodischer Investitionsrechnungen für die Praxis hinzielen, haben für kleinere Rationalisierungs- und Erweiterungsinvestitionen, bei denen in toto die Chance eines gegenseitigen Ausgleichs nicht allzu gravierender Berechnungsfehler und Informationsmängel gegeben ist, zur Entwicklung der *MAPI-Methode* des Machinery and Allied Products Institute, Washington, geführt. Sie ist eine approximierte Annuitätenmethode, mit welcher relative Dringlichkeiten fixiert werden, die für die Reihenfolge der Mittelzuwendung eines Investitionsbudgets herangezogen werden sollen [vgl. TERBORGH / L 120].

In gleicher Weise, wie die Wirtschaftlichkeit von Betriebsmitteln für direkte Produktionsbeteiligung zu fixieren ist oder zumindest wäre, sollte sie auch bei Betriebsmitteln für indirekte Produktionsbeteiligung stets vor deren Anschaffung überprüft werden. Solche Tests scheitern in der Praxis aber häufig an dem Unvermögen, das sich übrigens auch allzu oft bei der Investition einzelner Maschinen oder Aggregate störend bemerkbar macht, Einzahlungs- oder Einnahmeströme einem speziellen Investitionsobjekt zuzurechnen, das in eine größere produktive Kombination integriert werden soll. Dagegen werden eingehendere Überlegungen stets Platz greifen, wenn der Grund und Boden Investitionsobjekt und zwar als Standort für einen neu zu errichtenden Industriebetrieb oder ein Zweigwerk ist. Die Entscheidung über einen Standort besitzt wohl von allen Investitionsentscheidungen die längste Entscheidungsbindungs- und

Wirtschaftlichkeitswirkungsdauer. Die ökonomische *Standorttheorie* ist ein seit Jahrzehnten so intensiv bearbeitetes Gebiet, daß hier nur die wesentlichsten Aspekte herausgestellt werden können. Im übrigen vgl. BEHRENS / L 12 sowie BREDE / L 157 und die dort verzeichnete Literatur.

Das älteste industriebezogene Konzept für eine Standortbestimmung legte LAUNHARDT im Jahre 1872 vor. Seine mechanistische Standort»theorie« zielte auf die Fixierung eines Standortes als einem Transportkosten-Minimalpunkt hin, an dem sich gemäß dem Gesetz vom Gleichgewicht der Kräfte das vektorielle Produkt aus Mengen und Entfernungen der zu transportierenden Güter (Rohstoffe und Erzeugnisse) im Gleichgewicht befindet [vgl. dazu KERN / L 58, S. 49 ff.]. Im Jahr 1909 legte A. WEBER sein Werk über den Standort der Industrien vor. Er geht darin zwar auch vom »tonnenkilometrischen Minimalpunkt« aus, berücksichtigt aber noch eine Vielzahl weiterer *Standortfaktoren*, mit denen er »Vorteile« zu erfassen trachtet, die sich als Kostenersparnisse an einem bestimmten Ort bemerkbar machen. Mit diesem Aspekt stellte A. WEBER die Verbindung zur ökonomischen Sphäre her: *Generelle Faktoren*, wie Transport- und Arbeitskosten, kommen für jeden Industriezweig mehr oder weniger in Frage. *Spezielle Faktoren*, wie z. B. Verderblichkeit der Rohstoffe (z. B. bei der Konservenindustrie) oder Abhängigkeiten vom Wasser (z. B. bei Zellstoffabriken), gelten dagegen nur für einzelne Industriezweige. Beide Faktorarten können Agglomerations-(Zusammenballungs-)Tendenzen (wie z. B. für die Textilindustrie im Reutlinger Raum) oder auch Deglomerations-(Auflockerungs-)Tendenzen (wie z. B. bei Brauereien und Getränkeherstellern) bewirken. Je nach dem Vorherrschen eines Faktors sind gewisse Industriezweige oder -betriebe als materialorientiert oder energieorientiert, konsumorientiert oder arbeitsorientiert zu bezeichnen.

Die neueren ökonomischen Standorttheorien ziehen den Kreis maßgeblicher Einflußfaktoren noch weiter. Hier sind nicht nur die überaus vielseitigen Kosten standortbestimmend, sondern auch der Absatz geht als Ertragskomponente in den Kalkül ein. So nennt z. B. BEHRENS [L 12, S. 47 ff.] im Rahmen des externen Gütereinsatzes das Beschaffungspotential (Betriebsraum, Anlagegüter, Arbeitsleistung, Fremddienste, Rohstoffe, Energie, Kredite und Leistungen des staatlichen Verbandes, die sich in Steuern, Beiträgen, Gebühren und Schutz vor Enteignungen, Plünderungen usw. äußern) und die Beschaffungskontakte (zu Wirtschaftsbehörden, Arbeitsämtern, Messen usw.). Der interne Gütereinsatz als Standortfaktor umfaßt geologische und klimatische Bedingungen sowie die technische Agglomeration, während von der Absatzseite her das Absatzpotential (Bedarf, Kaufkraft, Konkurrenz, Herkunfts-Goodwill, Absatzagglomeration, staatliche Absatzhilfen) und Absatzkontakte zu nennen sind. Die Wirkungen aller dieser Faktoren wären, so weit sie – und zwar für eine langfristige Planungsperiode – zu erfassen sind, in investitionstheoretische Kalküle einzubeziehen. Die Ergebnisse werden zwar nicht definitiv einen von mehreren möglichen Standorten destinieren, wohl aber als Unterlage für die unternehmerischen Entscheidungen dienen, die auch nicht zu quantifizierende Einflüsse berücksichtigen sollen. Ansätze operationsanalytischer Standortbestimmungen finden sich u. a. bei BLOECH/L 155, GRUNDMANN u. a./L 8 und JACOB/L 54.

3. Ergiebigkeitskomponenten menschlicher Arbeit

Die technische Prägung multipersonaler Erzeugungsprozesse in industriellen Betrieben verursacht eine Vielzahl weiterer Probleme. Sie stehen in Verbindung mit dem primären Produktionsfaktor »menschliche (objektbezogene) Arbeitsleistungen«. Trotz Technisierung sind sie so bedeutsam, daß sich ganze Wissenschaftsgebiete den Menschen im industriellen Leistungsgefüge zum Erkenntnisgegenstand auserkoren haben. Während sich die Betriebswissenschaft als technische Disziplin ausschließlich mit den sachlichen Voraussetzungen und Formen einer zweckvollen Erzeugungstechnik und aus dieser Sicht heraus auch mit der Gestaltung gesamter Erzeugungsprozesse befaßt, ist das Erkenntnisobjekt der interdisziplinären *Arbeitswissenschaften* der arbeitende Mensch [vgl. MOEDE/L 88]. Sie umfassen Teilgebiete vieler Wissenschaftsrichtungen; genannt seien hier nur die Arbeitspsychologie, Arbeitsphysiologie, Arbeitsmedizin, Arbeitssoziologie, Arbeitsethik, Arbeitspädagogik und nicht zuletzt die Arbeitswirtschaft.

Ihre Erkenntnisse kommen der Gestaltung menschlichen Leistungsvollzuges zugute. Dabei wirft die Individualität der Menschen hinsichtlich Konstitution und Begabung, persönlicher Fähigkeiten und gewisser Eigenschaften, wie z. B. Geduld, Ausdauer, Pflichtbewußtsein und Zufriedenheit, neue Fragen auf. Sie entstanden nicht beim Einsatz sachlicher Betriebsmittel, gipfeln aber nun in der Globalforderung, daß im Betrieb »der richtige Mann an den richtigen Platz« gehöre oder, mit anderen Worten, daß sich die subjektive Arbeitseignung und die geforderte Arbeitsleistung einander entsprechen müssen. Eine Konkretisierung dieser Forderung läßt eine Fülle von Bestimmungsfaktoren für die Ergiebigkeit menschlicher Arbeit erkennen; sie seien unterschieden in persönliche (subjektive) und sachliche (objektive) Ergiebigkeitskomponenten.

Persönliche Ergiebigkeitskomponenten beeinflussen ein Leistungsergebnis direkt. Sie resultieren aus der Könnenssphäre und der Willenssphäre des Menschen. Zur *Könnenssphäre* zählen die konstitutionelle Eignung, die sich in körperlichen und geistigen Fähigkeiten (Belastungsmöglichkeit, Ermüdung, Begabung, Intelligenz, Sorgfalt) äußert, und die fachliche Eignung aufgrund der Ausbildung, Fortbildung, Erfahrung und Übung. Zur *Willenssphäre* zählen dagegen psychische Antriebe und sittliche Impulse, die in der individuellen Leistungsbereitschaft zum Ausdruck kommen. Sie werden beeinflußt von der Äquivalenz der Arbeit zur individuellen Leistungsfähigkeit, Eignung und Neigung des Arbeiters, von dessen innerer Bindung an das Arbeitsobjekt und/oder dem Arbeitsvollzug (Arbeitsfreude und -verfremdung), von dem Verhältnis des Arbeitenden zu seinen Mitarbeitern und Vorgesetzten (zwischenmenschliche Beziehungen), ferner von außerbetrieblichen (z. B. häuslichen) Bedingungen und nicht zuletzt vom Arbeitsentgelt.

Sachliche Ergiebigkeitskomponenten beeinflussen das Leistungsergebnis nur indirekt; sie bieten dafür aber eine große Zahl weiterer Möglichkeiten für betriebliche Gestaltungsmaßnahmen, die auf optimale Arbeitsergiebigkeit ausgerichtet sind. Ausgehend von den Bestimmungsgrößen Überlieferung (Tradierung) und Eigenerprobung (Erfahrung), auf denen jede Art von Leistungserstellung fußt, haben für die neuzeitliche industrielle Erzeugung insbesondere zwei Gruppen von Faktoren Bedeutung erlangt, nämlich die Arbeitszerlegung und die Objekte systematischer Arbeitsanalysen.

Die *Arbeitszerlegung* ist eine spezielle Erscheinungsform der *Arbeitsteilung*, zu welcher auch die Berufsbildung, Berufsspaltung, Produktionsteilung und Arbeitsverschiebung zählen [vgl. BÖHRS/L 16, S. 51 ff.]. Sie wurde bereits im Jahre 1776 von A. SMITH mit dem Stecknadelbeispiel beschrieben und zuvor schon (1766) von R. J. TURGOT und (1767) von A. FERGUSON in den Grundzügen dargestellt. Die erste bedeutende deutschsprachige Abhandlung schrieb K. BÜCHER (Die Entstehung der Volkswirtschaft, 16. Aufl., 1922). Bei seiner Definition, daß Arbeitszerlegung die »Auflösung eines Produktionsabschnittes in einfache, für sich nicht selbständige Arbeitselemente« sei, ist der

Begriff Element im weitesten Sinn als Operation auszulegen. Der Begriff läßt beliebig weite Auflösungen solcher Operationen in Teiloperationen zu, jedoch findet die Auflösung nach einer solchen graduell unterschiedlichen Auslegung irgendwo eine wirtschaftlich oder technologisch bedingte Grenze. Die Arbeitszerlegung kann auf dem Wege einer Mengenteilung, bei der die Arbeit in gleicher Weise parallel von mehreren Personen ausgeführt wird, und dem einer Artteilung vollzogen werden. Bei der letztgenannten Form werden die durch Auflösung entstandenen verschiedenartigen Teiloperationen nacheinander von mehreren Personen ausgeführt. Gerade sie erweist sich für die industrielle Erzeugung, insbesondere für die Massen- und Großserienfertigung, aufgrund des Gesetzes der steigenden Arbeitsbeherrschung durch qualitative Begrenzung der Arbeitsaufgaben und infolge der Prinzipien einer Verbesserung des Verhältnisses der Ausbildungsdauer zur Dauer der effektiven Berufsausübung [vgl. Böhrs/L 16, S. 54ff.] als eine die Ergiebigkeit menschlicher Arbeit besonders steigernde Maßnahme. So konnte z. B. bei der Firma Ford beim Übergang von der stationären Fahrgestellmontage zur Fließfertigung bei gleichzeitiger Zerlegung der Arbeitsaufgabe in 45 Teilvorgänge die Arbeitszeit pro Stück auf rund 13% der ursprünglichen Arbeitszeit gesenkt werden.

Folgen der Arbeitszerlegung sind aber nicht nur solche Produktivitätssteigerungen, sondern sind zugleich auch die Schritte zur Technisierung und Maschinisierung von Teiloperationen, die infolge weitgehender Arbeitszerlegung höchste Gleichförmigkeit aufweisen. Ferner ist auf die von der Industrie heute in starkem Maße ausgeschöpften Möglichkeiten zu verweisen, stark spezialisierte Teiloperationen angelernten Arbeitskräften zu übertragen, deren Anlernzeit meist nur zwischen zwei bis sechs Wochen liegt. Den höher zu bezahlenden Facharbeitern bleiben die Ausführungen vielseitigerer und höherwertiger Arbeiten, wie z. B. bei Einzelfertigung, insbesondere im Vorrichtungsbau, in der Werkzeugmacherei und der Instandhaltungs-(Reparatur-)werkstatt sowie beim Einrichten teil- und vollautomatisierter Maschinen, vorbehalten.

Die durch die Arbeitszerlegung verursachte Monotonie des Leistungsvollzuges und der durch sie stark eingeschränkte Dispositionsspielraum der Arbeiter führen, wie jüngste Beobachtungen zeigen, leicht zu einer Arbeitsentfremdung der Arbeiter und damit zu einer Beeinträchtigung ihrer Leistungsmotivation (Willenssphäre). Diesen Erscheinungen entgegenzuwirken, dienen verschiedene Vorschläge, die unter dem Begriff »*Arbeitsbereiche-*

rung« (z. B. durch Erweiterung des Aufgaben-Kataloges, durch Gruppenarbeit und durch regelmäßigen Wechsel des Arbeitsplatzes) auf eine »menschengerechte Gestaltung der Arbeit« (Betriebsverfassungsgesetz 1972) hinzielen. Die Arbeitsinhalte erfahren somit eine zunehmend stärkere Beachtung.

Ein Gleiches gilt auch für die Vorgänge individuellen Lernens bei industriellen Erzeugungsprozessen. Aufgrund empirischer und logisch-formaler Untersuchungen ließen sich die Beziehungen quantifizieren, die zwischen dem Aufwand y (z. B. Arbeitszeit) Serie und eben dieser Erzeugungseinheit bestehen. Das aus sto-zur Erzeugung einer bestimmten Erzeugniseinheit $x = \overline{x}$ in einer chastischen Abhängigkeiten abgeleitete (statistische) *Lerngesetz* lautet für den Bereich der sog. Hauptlerngeraden, die sich bei doppeltlogarithmischer Funktionsdarstellung [s. Abbildung 28] ergibt, sowohl für individuelle als auch für kollektive Lernprozesse:

$$y = a \cdot x^{-b}$$

In dieser Formulierung bedeuten die Parameter a den Aufwand zur Erzeugung der ersten Einheit in der Serie und b einen empirisch zu ermittelnden, aufgaben- oder auch abteilungs- oder gar branchenspezifischen Abnahmefaktor (z. B. 0,3), der mit Hilfe der Lernrate L zu bestimmen ist: $b = -\log L/\log 2$. Die Lernrate $[L = 1 - R/100]$ wird ihrerseits aus der relativen Aufwandsreduzierung R (in %) bei einer Verdoppelung der Ausbringung abgeleitet. – Diese Zusammenhänge, die gleichermaßen auch für das kollektive Lernen gelten, lassen sich bei einer pragmatischen Steuerung von Einarbeitungsphasen nutzen, die nicht exakt geplant werden sollen oder können. Ein relativ schneller Wechsel der Erzeugungsprogramme hat nämlich in vie-

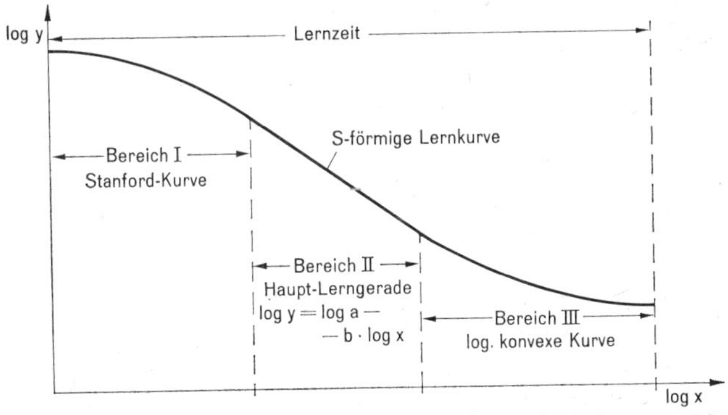

Abbildung 28: Die S-förmige Lernkurve im logarithmischen Bereich

len Industriebetrieben dazu geführt, daß gar nicht mehr genügend Zeit zur Verfügung steht, die Arbeitskräfte vor Fertigungsbeginn mit den für sie neuen Bedingungen so vertraut zu machen, daß nach Anlaufen der Erzeugung keine nennenswerten Störungen mehr auftreten. [Vgl. hierzu insbes. BAUR/L 11.]

Die Prämisse der Bestgestaltung und des Eingeübtseins gilt aber weiterhin, sobald die zweite Gruppe von den neuzeitlichen sachlichen Bestimmungsfaktoren der Ergiebigkeit menschlicher Arbeit, nämlich die Objekte *systematischer Arbeitsanalysen,* für die Gestaltung des Erzeugungspotentials relevant wird. Schon um die Jahrhundertwende erkannten F. W. TAYLOR und F. B. GILBRETH die Notwendigkeit eines planmäßigen Durchdenkens der Arbeitsvorgänge, weil – zu vermeidende – Zeitverluste dadurch entstehen, daß benötigte Gegenstände am Arbeitsplatz nicht ablaufkonform angeordnet sind und dadurch überflüssige Bewegungen verursacht werden. Überhaupt sind alle Bewegungen von Arbeitern im Leistungsprozeß ökonomisch zu gestalten. Da Arbeiter hierfür meist nicht die nötigen Kenntnisse und auch nicht die Zeit zum Erproben besitzen, werden diese geistigen Gestaltungsprobleme besonderen betrieblichen Instanzen [z. B. der Fertigungsvorbereitung, s. S. 112 ff.] übertragen. Aufgabe der *Arbeitsgestaltung* ist es, die Voraussetzungen und die Bedingungen für ein rationelles Zusammenwirken der elementaren Produktionsfaktoren zu schaffen [vgl. auch REFA/L 124, S. 64 und MAYNARD/L 80, Bd. II].

Spezielle Objekte der Arbeitsgestaltung sind insbesondere die *Arbeitsplatzanordnung* und *Arbeitsplatzgestaltung* unter Berücksichtigung von Umgebungseinflüssen, die wiederum Fragen der Beleuchtung, Belüftung, Farbgebung, Lärmdämmung usw. aufwerfen. Weiterhin zählen zu ihnen die *Arbeitszeit-* und *Arbeitspausenregelung* aufgrund arbeitsphysiologischer Erkenntnisse und die bereits erwähnte Ökonomisierung menschlicher Bewegungen. Die *Arbeitsablaufgestaltung* schließlich zielt aufgrund von Arbeitsablaufstudien, welche zunächst den Istzustand erfassen, auf die Entwicklung zweckentsprechender Aufeinanderfolgen von Teilarbeiten und auf eine Vermeidung von Leerkosten verursachenden Leerzeiten sowohl bei den Betriebsmitteln als auch bei den Arbeitern und den Werkstoffen hin. So differenziert z. B. der Verband für Arbeitsstudien – REFA – e. V. [L 123, S. 22 ff.] die Zeit des (arbeitenden) Menschen und des Betriebsmittels jeweils in Zeiten des Einsatzes, Zeiten außer Einsatz (mit verschiedenen Ursachen) und Zeiten der Betriebsruhe. Hinsichtlich des Arbeitsgegenstandes werden Zeiten des Veränderns, des Prüfens, des Liegens (mit verschiedenen Ursachen) und des Lagerns unterschieden. Die Zeiten, in denen der Mensch und das Betriebsmittel außer Einsatz sind, und die Liegezeiten sind die weitgehend zu vermeidenden Leerzeiten [s. S. 95 f.]. Die Einsatzzeiten sowie die Veränderungs-, Prüf- und Lagerzeiten hingegen sind Gegenstand der Zeitvorgaben und über diese der Auftragsterminierung in der Ablaufplanung sowie Grundlage der Lohnermittlung [vgl. auch MAYNARD/L 80, Bd. III].

Dem Arbeiter in seiner Funktion als Auftragsträger soll mit der *Vorgabezeit* (Akkordzeit) diejenige Zeitspanne zugeteilt werden, die er für die ordnungsgemäße Erledigung eines ihm übertragenen Auftrages benötigt. Diese Zeit, auch Auftragszeit genannt, setzt sich fast immer aus Teilzeiten für unterschiedliche Verwendungen zusammen [s. Abbildung 29] und wird umgekehrt synthetisch aus diesen ermittelt. Dabei ist *Rüstzeit* die bei der Vorbereitung insbesondere der Betriebsmittel für den Auftrag einmalig anfallende Zeit; ihr folgt die Ausführungszeit nach. Die in dieser enthaltenen *Grundzeiten* dienen dem direkten Arbeitsfortschritt; sie können durch Zeitaufnahmen oder Berechnungen ermittelt werden. *Verteilzeiten* fallen dagegen unregelmäßig an [z. B. für Fehlerbeseitigung am Werkstück (sachlich) und für persönliche Säuberung (persönlich)]. Da sie sich nicht oder nicht exakt durch Zeitaufnahmen berechnen, wohl aber statistisch, wie z. B. mit einem *Multimoment-Verfahren*, in ihrer Relation zu den Grundzeiten erfassen lassen, werden sie durch einen ge-

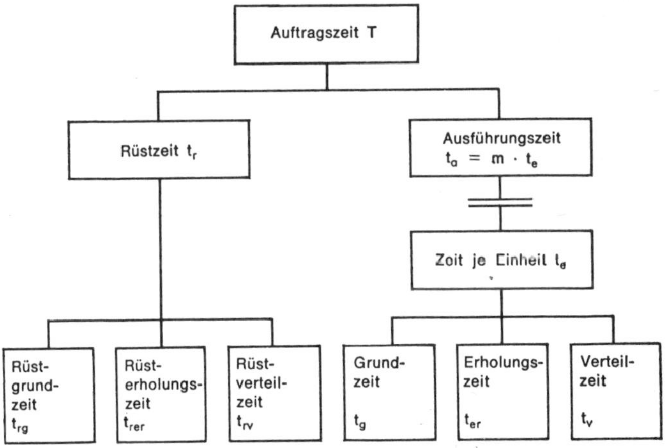

Abbildung 29: Gliederung der Auftragszeit nach REFA (L 123, S. 42)

sondert zu ermittelnden (durchschnittlichen) Prozentsatz ausgedrückt und der Grundzeit quotial zugeschlagen. *Erholungszeiten* dienen der infolge der Tätigkeit notwendigen Erholung des Menschen.

Die Problematik eines derart differenzierenden Vorgehens zeigt sich eigentlich nur in der Bestimmung der *Normalleistung*, auf die Zeitangaben zu beziehen oder – ausgehend von einer beobachteten Leistung bei Zeitstudienaufnahmen – umzurechnen sind. Die Normalleistung (Leistungsgrad = 100%) entsteht durch das Zusammenwirken von normaler Intensität und normaler Wirksamkeit. Hierzu definiert REFA [L 123, S. 129ff.]: »Die Intensität äußert sich in der Bewegungsgeschwindigkeit und Kraftanspannung der Bewegungsausführung.« »Wirksamkeit ist ein Ausdruck für die Güte der Arbeitsweise der Arbeitsperson.« Daraus ergibt sich: »Unter REFA-Normalleistung wird eine Bewegungsausführung verstanden, die dem Beobachter hinsichtlich der Einzelbewegungen, der Bewegungsfolge und ihrer Koordinierung besonders harmonisch, natürlich und ausgeglichen erscheint. Sie kann erfahrungsgemäß von jedem in erforderlichem Maße geeigneten, geübten und voll eingearbeiteten Arbeiter auf die Dauer und im Mittel der Schichtzeit erbracht werden, sofern er die für persönliche Bedürfnisse und gegebenenfalls auch für Erholung vorgegebenen Zeiten einhält und die freie Entfaltung seiner Fähigkeiten nicht behindert wird.«

Während bei den *Zeitstudien-Verfahren* zur Vorgabezeitermittlung (z. B. REFA-Verfahren) die Reduktion von gemessenen Zeitwerten auf Vorgabezeiten nur durch subjektive Schätzungen des jeweils vom Arbeiter gezeigten Leistungsgrades seitens eines hinreichend geschulten Zeitnehmers erfolgt und dieser sich dabei der Formel

Normalzeit = Istzeit x Leistungsgrad

bedient, verfolgen die jüngeren *Systeme vorbestimmter Zeiten*, wie z. B. das MTM-(Method Time Measurement), das Work-Factor-, das BMT-(Basic Motion Timestudy) und das MTA-(Motion Time Analysis)Verfahren, einen anderen Weg. Sie streben nach größerer Objektivität und lösen deshalb jeden Arbeitsgang noch stärker in Teilvorgänge, diese in Bewegungen und diese wieder in bis zu 20 Grundbewegungen (Hinlangen, Bringen, Greifen, Fügen, Drehen usw.) auf. Für jede Grundbewegung sind die Normalzeitwerte in Abhängigkeit von maßgeblichen Einflußgrößen (z. B. beim Hinlangen von der Bewegungslänge) aus Tabellenwerken abzulesen, die in arbeitswissenschaftlichen Instituten mit mathematisch-statistischen Methoden zentral erarbeitet wurden. Eine Synthese der zeitbestimmenden Normalzeitwerte führt zur vorzugebenden Auftragszeit. Nähere Ausführungen hierzu finden sich u. a. bei MAYNARD/L 80, Bd. IV. Es ist nicht zu bestreiten, daß die Subjektivität bei diesen aufwendigeren Verfahren in den Hintergrund gedrängt wird; der Einwand, daß betriebswirtschaftlich nur funktionale Normen, nicht aber ideale und statistische Normen sinnvoll sind [GUTENBERG/L 43, S. 56], bleibt aber gegen sie bestehen.

Wie bereits erwähnt, dienen Zeitvorgaben nicht nur der Ablaufplanung, sondern auch und vielfach sogar primär der Entlohnung. Diese wurde bereits als Mittel genannt, um über die Willensphäre die Ergiebigkeit menschlicher Arbeit zu steigern. Voraussetzung dazu ist die Vermittlung des – subjektiven – Gefühls bei den Arbeitskräften, für ihre Leistungen einen gerechten Lohn zu erhalten. Das Postulat der *Lohngerechtigkeit* bedarf zu seiner Erfüllung eines Maßstabes. Hierfür bieten sich die individuell erbrachte Leistung in Form ökonomischer Wertschöpfung, für die das Zurechnungsproblem auf den einzelnen Produktionsfaktor bis heute noch nicht gelöst worden ist, oder physisch erstellte Leistungsmengen oder der dafür benötigte Zeitaufwand als Hilfsmaßstäbe an. Werden aus betriebswirtschaftlicher Sicht weitere soziale Maßstäbe (z. B. Bildungs- und Familienstand) sowie persönliche Ansprüche und ideologische Aspekte (z. B. Aspekte einer Bevorzugung gewisser Berufe oder gesellschaftlicher Kreise) außer Acht gelassen, so verbleibt ein dreischichtiges Problem, nämlich die – wiederum auf volkswirtschaftliche und sozialpolitische Zusammenhänge zurückgreifende – überbetriebliche Fixierung des durchschnittlichen Lohnniveaus und die Notwendigkeit innerbetrieblicher Lohndifferenzierungen wegen der Heterogenität der erbrachten Einzelleistungen. Im Hinblick darauf, daß der Lohn Leistungsentgelt und Leistungsanreiz zugleich und der Arbeiter in der Lage sein soll, ihn selbst zu errechnen und nachzurechnen, bieten sich zur innerbetrieblichen Lohndifferenzierung die zwei Wege einer *Lohnformdifferenzierung* als lohnpolitisches Mittel zur Erfassung divergierender intrapersoneller Leistungsgrade und einer *Lohnsatzdifferenzierung* als lohnpolitisches Mittel zur Erfassung interpersoneller Leistungs- und Anforderungsgrade an [vgl. auch KOSIOL/L 69].

Mittel einer intrapersonellen Lohndifferenzierung sind *Lohnformen* verschiedener Ausprägung. Von ihnen sind der für die reine Anwesenheitszeit des Arbeiters zu vergütende, nicht leistungsbezogene *Zeitlohn* Z und der auf die physische Leistungserstellung oder auf den ihr proportionalen Zeitaufwand pro Leistungseinheit bezogene *Stücklohn* (Akkordlohn) A einander polare Grundlohnformen. Unter Verwendung der Symbole S für den Stundenverdienst eines Arbeiters, L für die einheitsbezogenen Lohnkosten des Betriebes, t für den Zeitbedarf pro Mengeneinheit und q für die Leistungsmenge pro Stunde lassen sich beide Lohnformen durch folgende Beziehungen beschreiben [s. auch Abbildungen 30 und 31]:

Zeitlohn: $S = S_0 = \text{const.}; L = S_0 \cdot t = S_0/q$

Stücklohn: $L = L_0 = \text{const.}; S = L_0/t = L_0 \cdot q$

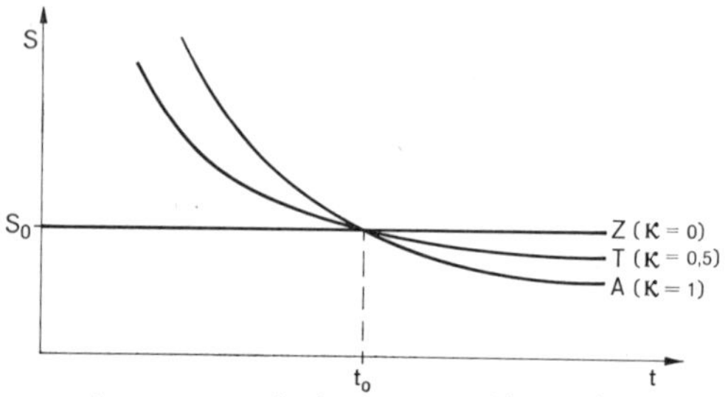

Abbildung 30: Elementare Lohnformen in Abhängigkeit von der Leistungszeit

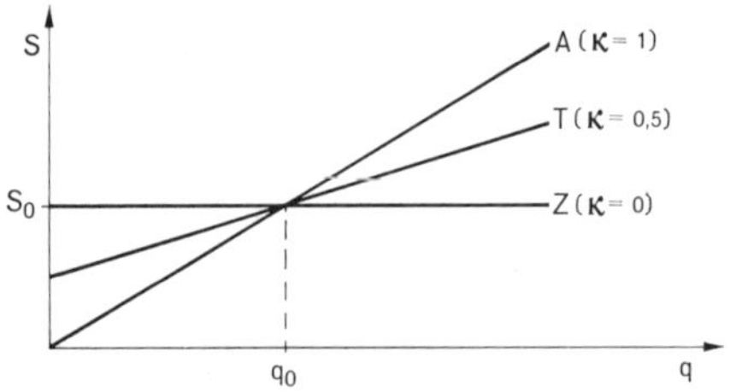

Abbildung 31: Elementare Lohnformen in Abhängigkeit von der Leistungsmenge

Die Leistungsproportionalität des Stücklohnes läßt diesen dem Zeitlohn überlegen erscheinen. Der Zeitlohn findet aber eine Existenzberechtigung auch heute noch und zwar überall dort, wo q oder t keine akzeptablen Leistungsmaßstäbe sind, wo die Arbeiter keinen Einfluß auf die Leistungsmenge auszuüben vermögen (bei überwachender Tätigkeit, wie z. B. bei automatisierter Erzeugung) und wo die Qualität der Leistungserstellung der Quantität vorangeht (z. B. bei feinmechanischer Fertigung und Prüfarbeiten). Aus hier nicht zu erörternden Erwägungen heraus besteht aber häufig auch ein Bedürfnis, Mischformen für die

Entlohnung zu verwenden und die Arbeiter partiell an ihren Mehrleistungen in Form von Zuschlägen zu beteiligen. Dieser Konzeption entsprechen die sogenannten *Teilungslöhne* T mit folgenden Beziehungen:

Teilungslohn: $S = S_0 + \sigma$; $L = (S_0 + \sigma) \cdot t = (S_0 + \sigma)/q$

Dabei wird die »Prämie« σ als Leistungsprämie – im Gegensatz zu weiteren Prämienformen, wie z. B. Qualitäts-, Pünktlichkeits- und Ersparnisprämien – meist definiert durch das Prämienmaß $\varkappa$ (mit $0 < \varkappa < 1$) und die relative Mehrleistung (mit t_0 oder q_0 als Normalleistung):

$$\text{Prämie: } \sigma = \varkappa \cdot S_0 \cdot (t_0 - t)/t$$
$$\text{oder } \sigma = \varkappa \cdot S_0 \cdot (q - q_0)/q_0$$

Je nach der Bemessung von $\varkappa$ sind nunmehr verschiedene Teilungslohnformen entwickelt worden. So gilt z. B. für den Halsey-Lohn $\varkappa = 1/3$, den Weir-Lohn $\varkappa = 1/2$ und den Towne-Lohn $\varkappa = 2/3$, während $\varkappa = 0$ und $\varkappa = 1$ zum Zeit- bzw. zum Stücklohn führen würden. Des weiteren ergeben sich verschiedene Ausgestaltungsformen, wenn $\varkappa$ als Funktion von q angesehen wird und/oder garantierte Mindestlöhne vorgesehen werden. Vgl. zu diesen Zusammenhängen insbesondere BÖHRS / L 15 und KOSIOL / L 69.

Der tarifliche *Grundlohn* für die Stückakkorde setzt sich in der Bundesrepublik Deutschland zusammen aus einem tariflichen *Mindestlohn* und einem *Akkordzuschlag* in Höhe von 15 bis 20% des Mindestlohns. Wird der Grundlohn durch 60 [Minuten/Stunde] dividiert, so stellt das Ergebnis den *Geldfaktor* [DM/Minute] dar, mit dessen Hilfe die erwähnten Zeitvorgaben beim *Zeitakkord* jederzeit in die der Leistung äquivalenten Lohnwerte transformiert werden können. Beim *Geldakkord* erfolgen dagegen die Vorgaben bereits in Lohnbeträgen, doch müssen diese bei Lohnsatzänderungen für alle Akkorde ständig neu berechnet werden.

Als Mittel einer interpersonellen Lohndifferenzierung sind die auf eine Differenzierung der *Lohnsätze* für Normalleistungen ausgerichteten Methoden der *Arbeitsbewertung* zu nennen. Sie dienen der methodischen Erfassung lohnbestimmender Gegebenheiten von Arbeitsplätzen. Deshalb wäre an sich die Bezeichnung Arbeitsplatzbewertung treffender. Endziel von Arbeitsbewertungen ist es, für einen einzelnen Betrieb oder gar für eine Branche eine ordinale Reihung oder gar kardinale Stufung unterschiedlicher Arbeitsplätze zu entwickeln, die als Grundlage einer Lohnsatzdifferenzierung für diejenigen Arbeitskräfte zu dienen vermag, die diese Arbeitsplätze – unabhängig von ihren persönlichen Qualifikationen – einnehmen. Die Methoden *analytischer Arbeitsbewertung*, welche die summarischen Verfahren weitgehend abgelöst haben, basieren auf einer nach Anforderungsarten differenzierten Einstufung der Arbeitsplätze. Das sog. *Genfer Schema* sieht dazu die nachstehende Mindestgliederung vor [s. REFA/L 125, S. 41 und WIBBE/L 130, S. 13].

Mindestgliederung	Fachkönnen	Belastung
1. geistige Anforderungen	×	×
2. körperliche Anforderungen	×	×
3. Verantwortung	–	×
4. Arbeitsbedingungen	–	×

In Übereinstimmung mit diesem Schema sind eine Mehrzahl von Verfahren entwickelt worden, wie z. B. das Stufenwertzahlverfahren von EULER-STEVENS und das Verfahren der ETH ZÜRICH, das Rangreihenverfahren von HAGNER-WENG und das Kennzahlenverfahren der BASF (LORENTZ). Diese und noch zahlreiche andere unterscheiden sich in der Art der Spezifizierung der Anforderungsmerkmale und ferner in deren gegenseitiger Gewichtung sowie der Zuordnung von sog. Brückenbeispielen. So führt z. B. REFA [L 125, S. 42 ff.] folgende 6 Markmale an:

1. Kenntnisse (Ausbildung, Erfahrung, Denkfähigkeit),
2. Geschicklichkeit (Handfertigkeit, Körpergewandtheit),
3. Verantwortung
   a) für die eigene Arbeit,
   b) für die Arbeit anderer,
   c) für die Sicherheit anderer,
4. geistige Belastung (Aufmerksamkeit, Denktätigkeit),
5. muskelmäßige Belastung (dynamische, statische, einseitige Muskelarbeit),
6. Umgebungseinflüsse (Klima, Nässe, Öl, Fett, Schmutz, Staub, Gase, Dämpfe, Lärm, Erschütterung, Blendung oder Lichtmangel, Erkältungsgefahr, Schutzkleidung, Unfallgefährdung).

Innerhalb solcher Anforderungsarten sind zunächst mit Hilfe von Punktwerten, die sich zweckmäßig zwischen 0 und 10 oder 0 (%) und 100 (%) erstrecken, Einstufungen der Arbeitsplätze eines Betriebes vorzunehmen. Da dieses Unterfangen bereits eine erhebliche Subjektivität voraussetzt, soll die Einstufung in ständiger Zusammenarbeit mit den Betroffenen und durch gegenseitiges Vergleichen von Arbeitsplätzen erfolgen. Noch mehr

Subjektivismus erfordert in der zweiten Stufe die gegenseitige Gewichtung der Anforderungsmerkmale, um schließlich zum Gesamt-»Wert« eines jeden Arbeitsplatzes und damit zur gewünschten kardinalen Stufung aller betrieblichen Arbeitsplätze zu gelangen. Da es objektive Kriterien für diese Gewichtung nicht gibt und auch nicht geben kann, bedarf auch dieser Schritt wiederum innerbetrieblicher Vereinbarungen mit den Betroffenen und/oder Absprachen innerhalb einer Branche zwecks Erzielung überbetrieblich gleicher Bewertungsgrundlagen. Trotz dieser offensichtlichen Schwächen stellt die analytische Arbeitsbewertung aber doch eine genauere Methode zur gerechten Lohnsatzdifferenzierung dar als die summarischen Verfahren oder gar jede unsystematische, nur auf Fingerspitzengefühl oder Verhandlungsgeschick der Betroffenen basierende Einstufung. Nähere Ausführungen zu diesem Fragenkomplex enthalten u. a. REFA/L 125 und WIBBE/L 130.

4. Die Kombination der Produktionsfaktoren

Die bisher behandelten Einzelmaßnahmen zur Erzielung optimaler Ergiebigkeit der produktiven Faktoren in singulärer Betrachtungsweise bedürfen gewisser kompromißhafter Modifizierungen, sobald mehrere artverschiedene und auch gleichartige Produktionsfaktoren zu Faktorkombinationen zusammengefaßt werden. Außerdem treten dann zusätzliche Probleme der kapazitiven Harmonisierung aller Glieder innerhalb solcher Aggregationen auf. Industrielle Erzeugungsprozesse lassen sich überhaupt erst durch produktive Kombinationen von Potentialfaktoren mit dem Faktor Werkstoff bewirken, so daß als *Faktorkombinationen niedersten Grades* die kleinsten Vereinigungen von menschlichen Arbeitskräften – mindest einer – mit einer Mindestmenge an Werkstoffen (z. B. ein Klassifikateur für Holzqualitäten in Furnierfabriken) oder von menschlichen Arbeitskräften mit Betriebsmitteln und Werkstoffen (z. B. ein Schweißer mit seiner Schweißapparatur und Blechen) anzusprechen sind. Insofern erweist sich, wie es schon die Matrix der zu aggregierenden Verbrauchsfunktionen [s. Abbildung 16, S. 53] erkennen ließ, jeder Produktionsvorgang theoretisch als ein Kombinationsprozeß [vgl. KILGER/L 62, S. 7].

Unter Berücksichtigung der Überlegungen zur produktivitätssteigernden Arbeitszerlegung zeigt sich ferner die Notwendigkeit, zwecks Erstellung ganzheitlicher Leistungen im Sinne von verkaufsfähigen Erzeugnissen Faktorkombinationen niedersten Grades mit artverschiedenem oder auch artgleichem Leistungsvermögen zu Faktorkombinationen höherer Grade und diese wieder fortschreitend zu Kombinationen noch höherer Grade organisatorisch zu verbinden, bis – betriebswirtschaftlich gesehen – in einem Betrieb oder in einer Unternehmung eine *Faktorkombination höchsten Grades* geschaffen ist. Jede Kombination gleich welchen Grades besitzt ein artspezifisches eigenes *Leistungsvermögen* (*Kapazität*). Sein Ausmaß läßt sich quantitativ nach der Erzeugungsbreite und – bei einer Erzeugung in mehreren Erzeugungsstufen (Arbeitsgängen, Operationen) – auch nach der Erzeugungstiefe kennzeichnen. Qualitativ hingegen bringt es die Fähigkeit zur Erstellung einer gewissen Erzeugnisgüte und ferner die Flexibilität (Elastizität) hinsichtlich seiner Eignung zur Erbringung artverschiedener Leistungsergebnisse zum Ausdruck. So ist beispielsweise die Kapazität einer Drehbank (mit Bedienungspersonal und Material) quantitativ bestimmt durch die Menge an gleichen Drehteilen, die auf ihr in einer Zeitspanne herzustellen sind; qualitativ wird sie insbesondere determiniert durch ihren Drehdurchmesser und ihre Spitzenweite sowie die Art ihres Getriebes, Supports, Werkzeugschlittens usw. sowie diejenigen Einrichtungen (Wechselpotential), von denen die Zeit des Umrüstens auf andere Aufträge abhängt.

Mit fortschreitender Aggregation steigt die Komplexität der nunmehr entstehenden »Systeme«. Aussagen über deren Leistungsvermögen und Eignung zu machen, d. h. über die quantitative und qualitative Kapazität solcher Aggregationen, wird mit zunehmendem Aggregationsumfang immer schwieriger. Solche Angaben werden deshalb auch immer nur unter Einschränkungen sinnvoll sein [vgl. hierzu KERN/L 57, inbes. S. 97 f.]. Ursachen dafür sind die Probleme, die sich bei jeder Vereinigung von Teilen zu einem Ganzen und noch mehr bei einer Kombination von – nicht beliebig teilbaren – Produktionsfaktoren mit unterschiedlichen Eigenschaften einstellen. Der Prozeß der Faktorkombination wirft schon in seiner untersten Stufe Fragen mehr dispositiver und organisatorischer, jedoch weniger technischer Art auf. So werden bereits bei Faktorkombinationen niedersten Grades in den seltensten Fällen die Minima der aus den einzelnen Verbrauchsfunktionen hergeleiteten Funktionen der Einheitskosten k im Falle intensitätsmäßiger Anpassung für ein und dieselbe Ausbringung x_i übereinstimmen. Die Minima der einzelnen Verbrauchs-(Kosten-)arten werden vielmehr unterschiedliche x_i kennzeichnen, so daß die optimale Ausbringung

x_0 einer Faktorkombination (z. B. aufgrund der zu k_s summierten Einheitskosten k_i) meist nur einen Kompromiß darstellt [s. Abbildung 32]. Er kann sich zudem im Zeitablauf bei veränderten Produktionsbedingungen für die gleiche Faktorkombination ändern.

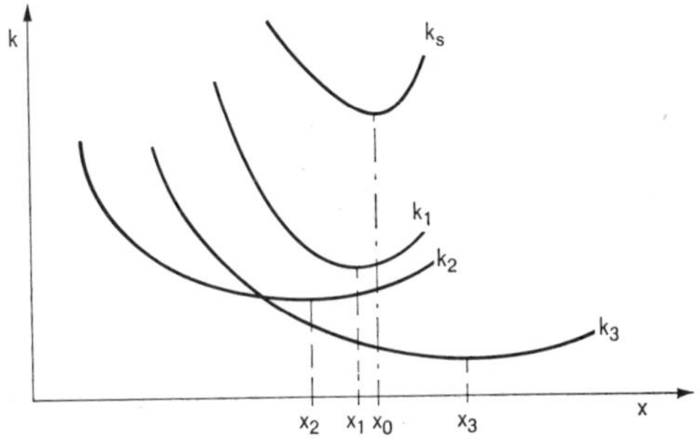

Abbildung 32: Einheitskosten bei Faktorkombination

Die gleichen, Kompromisse erzwingenden, Schwierigkeiten führen bei der Aggregation von Faktorkombinationen niederen Grades zu solchen des jeweils nächsthöhren Grades bis hin zum Problem der *Kapazitätsharmonisierung*. Ist das Leistungsvermögen der Kombination A beispielsweise auf die Menge x_A begrenzt und das der im Erzeugungsprozeß ihr nachgeschalteten Kombination B auf x_B – jeweils ausgedrückt in Einheiten des Fertigerzeugnisses –, so vermag die Faktorkombination höheren Grades, gebildet aus A und B nur soviel Einheiten zu erzeugen, wie das schwächste »Glied der Kette«, nämlich die leistungsschwache Kombination niederen Grades, herzustellen vermag. Dies kommt im *Ausgleichsgesetz der Planung* zum Ausdruck, nach dem sich alle Planung jeweils auf den schwächsten Teilbereich betrieblicher Betätigung, auf den *Minimumsektor*, einnivelliert [Gutenberg/L 43, S. 164]. Die Dominanz des Minimumsektors (Engpasses, Flaschenhalses, bottle neck) gilt aber nur kurzfristig. Langfristig muß dagegen – und dies ist in der Phase der Gestaltung von Erzeugungspotentialen wesentlicher – versucht werden, dem langfristigen Inhalt des Ausgleichsgesetzes entsprechend solche Engpaßbereiche durch technische, organisatorische und arbeitswissenschaftliche Maßnahmen ihrerseits auf das Niveau der anderen Teilbereiche einzuregulieren [Gutenberg/L 43, S. 165].

Diese Feststellung hat zur Folge, daß die Bemessung des Leistungsvermögens solcher vertikalen Faktorkombinationen nicht an zufälligen, sich vorübergehend zeigenden, erweiterungsfähigen Minimumsektoren anknüpfen kann und daß sie sich auch nicht an willkürlich gewählten *Leistungsquerschnitten* (*Kapazitanzen*) [vgl. KERN/L 57, S. 29 ff.] orientieren darf. Sie muß vielmehr am wichtigsten Betriebsabschnitt anknüpfen. Ein solcher ist vielfach offenkundig, wie beispielsweise dort, wo Betriebsmittel einer Mindestauslastung bedürfen (z. B. Hochöfen), wo sich die Betriebsmittel aus technischen Gründen kaum durch mehrere mit beliebig klein zu bemessenden Kapazitäten substituieren lassen (z. B. Tunnelöfen in der keramischen Industrie), wo die längsten Erzeugungszeiten pro Erzeugniseinheit auftreten (z. B. Lagerkeller in Spirituosenfabriken), wo die größte Anlagenintensität und Kapitalbindung gegeben ist (z. B. Papiermaschine) oder wo der größte (Gemein-)Kostenverzehr erfolgt (z. B. Färberei). Ein solcher Abschnitt ließe sich gegebenenfalls auch durch eine fiktive Berechnung ermitteln [vgl. KERN/L 57, S. 105 ff.]. Diese Zusammenhänge werden im Kapazitätsprofil der Abbildung 33 verdeutlicht.

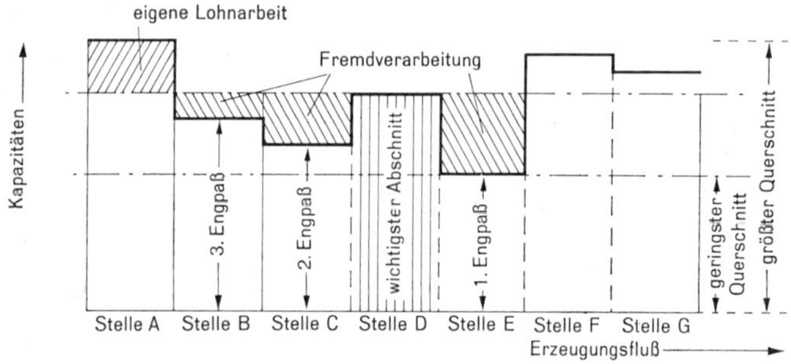

Abbildung 33: Kapazitätsprofil einer Faktorkombination

Je umfangreicher kapazitive Aggregationen werden oder – mit anderen Worten – je höher der Grad einer produktiven Kombination wird, desto mehr gewinnt auch der dispositive Faktor an Gewicht, und zwar sowohl hinsichtlich der Strukturierung eben dieser Kombinationen als auch hinsichtlich deren Leitung, Überwachung und Steuerung. Schließlich wird er selbst Bestandteil der Kombination nächsthöheren Grades werden. Das gilt auch für die zahlreichen, an den Erzeugungsprozessen nur indirekt teilhabenden *Hilfsfunktionen,* wie sie in vielfältiger Art in industriellen Betrieben nötig sind. Verwiesen sei nur auf die Energieversorgung, das Transportwesen, den Werkzeug- und Vorrichtungsbau bis hin zur Werksküche, Kantine und zum Sanitätsdienst.

Technisch werden sich die Bemühungen um Harmonisierung der Kombinationen jeweils niederen Grades insbesondere auf eine sinnvolle Auswahl und Dimensionierung der Betriebsmittel, gelegentlich auch auf die Verwendung spezieller Werkstoffe erstrecken müssen. Arbeitswissenschaftlich wären Beeinflussungsmöglichkeiten auf dem Wege über die Schaffung besserer Arbeitsbedingungen gegeben. Der recht bedeutsame Rest an Harmonisierungsmöglichkeiten stellt Probleme organisatorischer Natur. Der Aufbauorganisation obliegt es, den dispositiven Faktor mittels Ausprägung zentraler oder dezentraler Leitungsstrukturen und über die Einführung einer bestimmten Organisationsform (Stablinienorganisation, Matrixorganisation usw.) den direkt produktiven Kombinationen zweckentsprechend zuzuordnen. Der Aufbauorganisation obliegt es ferner, die der materiellen Betriebsaufgabe adäquate Struktur der räumlichen und zeitlichen Faktorverknüpfungen zu entwickeln, für welche die Werkstatt-, Reihen- und Fließfertigung [s. S. 27ff.] generalisierende Grundtypen darstellen. Die Ablauforganisation in Form der Erzeugungsplanung und -steuerung muß schließlich unter Einbeziehung des Zeitaspektes bemüht sein, die verbleibenden, mit dem Formalziel nicht konformen Auswirkungen mangelnder Harmonisierung der Elementarfaktoren und Faktorkombinationen mit Hilfe einer günstigen Durchschleusung der Aufträge durch die maßgeblichen Erzeugungsstufen oder – mit anderen Worten – mittels Herbeiführung eines optimalen Materialflusses soweit als möglich zu mindern.

VI. Die Gestaltung der Materialwirtschaft

1. Der Materialfluß

Die Funktion Materialfluß erfaßt alle physischen Vorgänge einer Ortsveränderung und ablaufbedingten Lagerung von Werkstoffen im Erzeugungsbereich sowie alle auf diese Vorgänge ausgerichteten dispositiven Maßnahmen [s. dazu Steinbrüchel / L 172]. Bevorzugt erstrecken sich Materialflußprobleme auf die Haupterzeugnisse (Roh- und Hilfsstoffe, unfertige und fertige Erzeugnisse) industrieller Betriebe. Sie umfassen darüber hinaus aber auch alle Fragen, welche die Ortsveränderung und Lagerung von Betriebsstoffen (z.B. Kohle, Formsand, Wasser, Gas, elektrische Energie) und von Abfallstoffen betreffen. In einigen Industriezweigen sind die Gewichte oder Volumina der zu transportierenden Betriebsstoffe sogar um ein Vielfaches größer als die Haupt- und Nebenerzeugnisse. So ist beispielsweise in einer Formerei und Gießerei eine Gewichtsmenge an Betriebsstoffen und Schutt zu bewegen, die unabhängig von den zurückzulegenden Entfernungen etwa das Fünfzehnfache des Gewichtes der guten Ware beträgt. Der Wasserbedarf für die Erzeugung von 1 t Feinpapier liegt zwischen 900 und 1100 m^3; der Bedarf eines Hochofens an Kühlwasser beträgt je nach Ofenleistung 35 bis 55 m^3 pro t Roheisen. In weiterer Auslegung des Begriffes wird zum Materialfluß wegen der Wesensverwandtschaft auch die Ortsveränderung von Formen, Werkzeugen, Meßzeugen und sonstigen Geräten, weiterhin der von Nachrichten gezählt sowie bei Baustellenfertigung (Abbaubetriebe, Reparaturwerkstätten) auch die Ortsveränderung ganzer Maschinen und der menschlichen Arbeitskräfte. Als Beispiel sei nur erwähnt, daß im Kohlenbergbau die Entfernungen vom Förderschacht bis vor Ort vielfach mehrere Kilometer betragen. Es versteht sich von selbst, daß für alle diese Materialflußaufgaben, die ja nur Hilfsfunktionen für die Erzeugung darstellen und meist Folgen der zur räumlichen Dezentralisierung führenden Arbeitszerlegungen sind, ebenfalls das Prinzip wirtschaftlicher Leistungserstellung, und zwar in der Fassung des Sparsamkeitsprinzips, gelten muß.

Die Probleme des *physischen Materialflusses* erstrecken sich einmal auf die *Lokalisierung der innerbetrieblichen Standorte* für die produktiven Kombinationen und zum anderen auf die konkrete Ausgestaltung des technischen Apparates zur Güterbeförderung. Sind die materielle Betriebsaufgabe nach Art und Umfang und damit der Herstellungsablauf bekannt, so ist analog zu dem gesamtbetrieblichen Standortproblem [s. S. 74 ff.] zunächst über die räumliche Zuordnung der Maschinen und Anlagen zu befinden. Ist ein Baukörper bereits vorhanden, so sind die Freiheitsgrade des Planungsvollzuges geringer, als wenn bei einer Neuerrichtung der Baukörper dem Materialfluß weitgehend angepaßt werden kann. Aber auch bei vorhandenem Baukörper ist die Zahl der Freiheitsgrade meist noch recht groß. Neben verschiedenen gesetzlichen, technischen (z. B. Bodentragfähigkeit) und arbeitswissenschaftlichen (z. B. Beleuchtung) Restriktionen sind die unterschiedlichsten betriebswirtschaftlichen und organisatorischen Erwägungen, die sich in einer Vielzahl – sich teilweise sogar ausschließender – Prinzipien niedergeschlagen haben (z. B. Prinzip des kürzesten Werkstückweges und Prinzip der Ausnutzung des natürlichen Gefälles), für eine Standortverteilung maßgebend. Gestaltungsprobleme dieser Art werden in der Spezialliteratur [vgl. insbesondere SCHMIDT/L 108] eingehend behandelt. Dabei finden auch operationsanalytische Kalküle Anwendung [vgl. KERN / L 58, S. 53 ff.; KIEHNE / L 61].

Die Verbindungen zwischen den Standorten der Produktionsfaktoren herzustellen, ist Aufgabe des innerbetrieblichen *Förderwesens*. Seine Gestaltung muß sich an den Bestimmungsgrößen der Förderaufgabe orientieren, nämlich an der Art des Fördergutes (Schütt-, Fließ-, Stückgüter, kompakte oder sperrige, heiße, säurehaltige, strahlende usw. Güter), an der Förderstrecke (Entfernung, Neigungswinkel, Flurgebundenheit) und der erforderlichen Förderintensität in Verbindung mit einem vorzugebenden Förderrhythmus. Aus diesen Bestimmungsgrößen resultieren die Gestaltungsobjekte, nämlich der Förderweg hinsichtlich Linienführung und Ausgestaltung (z. B. Schiene, unbefestigter Weg, befestigte Straße, Rutsche, Leitung), die sachliche Ausrüstung der mit Förderaufgaben betrauten Menschen als Förderträger, der Fördermittel (Transportgeräte, wie Fahrzeuge, Ladegeräte, Aufzüge usw.) und der vielfältigen Förderhilfsmittel (Kisten, Paletten, Träger, Ketten, Haken, Rampen, Signale usw.). Nähere Einzelheiten hierzu vgl. bei FACKELMEYER/L 31, L 139; HEINER/L 47; KÖHLER/L 66 und KRIPPENDORFF/L 74. Die Wahl der Förderwege und der einzusetzenden Fördermittel und Förderhilfsmittel bedarf an sich investitionstheoretischer Kalküle [s. S. 72 ff.]. Häufig erlauben es oder fordern auch der Mangel an langfristigen Kostenprognosen, ferner unzureichende Möglichkeiten der Kostenzurechnung bei komplexen Fördersystemen und eine relativ große Flexibilität zahlreicher Fördermittel, sich mit – einperiodischen – Verfahrensvergleichsrechnungen [s. V. 1.] zu bescheiden. Es darf dabei nicht versäumt werden, auch diejenigen Kosten zu berücksichtigen, die durch Verzögerungen der Erzeugungsprozesse bei mangelhafter Erfüllung der Förderaufgabe auftreten können.

Ebenso wie beim Haupterzeugungsprozeß industrieller Betriebe den Unvollkommenheiten einer Harmonisierung von produktiven Kombinationen beliebigen Grades durch ablauforganisatorische Regelungen zu begegnen versucht wird [s. S. 91], so wirft auch der spezielle Produktionsprozeß, der bei der Ortsveränderung von Stoffen und Erzeugnissen auftritt, ablauforganisatorische Fragen auf, nämlich solche der *dispositiven Materialflußgestaltung*. Trotz der vielfältigen technischen Ausgestaltungsformen von Förderanlagen lassen sich gewisse Grundzüge erkennen, nach denen das Ablaufgeschehen gestaltet werden kann. So steht beispielsweise dem *Holsystem* – meist durch diejenige Arbeitskraft, die das Material, Werkzeug usw. benötigt – das meist rationellere, spezielles Personal und eine reguläre Transportorganisation erfordernde *Bringsystem* gegenüber. Ein solcher eigenständiger Hilfsdienst kann zentral oder dezentral (bestimmten Werkstätten und Abteilungen oder gar Arbeitsplätzen zugeordnet) strukturiert sein. Dabei sind auch Mischformen möglich. So werden beispielsweise die Werksbahnen eines Hüttenbetriebes meist dem Leiter des Transportwesens, die Hallenlaufkräne des Stahlwerkes aber dessen Betriebsingenieur unterstellt. Gabelstapler können zentral verteilt, aber dezentralisiert eingesetzt werden. Nach der *Periodizität* nicht ortsgebundener Fördermittel wäre ferner zu unterscheiden zwischen Bedarfsfahrten und Fahrten nach Fahrplan. Nach deren *Streckenführung* ergibt sich eine Unterteilung in Streckenfahrten (jeweils zwischen der liefernden und der empfangenden Stelle), Pendelfahrten (ständiger Verkehr zwischen zwei Ladeplätzen oder einem Lade- und einem Entladeplatz), Rundfahrten (in bestimmter Folge an mehreren Stellen vorbei) und Sternfahrten. Bei den letztgenannten werden die Fördergüter an einem zentralen Umschlagplatz meist anderen Fördermitteln übergeben (umgeschlagen). Die konkrete Wahl der organisatorischen Ausprägungsform eines innerbetrieblichen Förderwesens muß dem Einzelfall vorbehalten bleiben, da immer dessen dienender Charakter zu beachten ist und grundsätzlich die Förderaufgabe erfüllt werden muß.

Die dispositive Gestaltung des Materialflusses im weiteren Sinn greift über diese nur auf das Förderwesen ausgerichteten Fragen hinaus. Sobald der Materialfluß den gesamten räumlichen und zeitlichen Weg von Werkstoffen, unfertigen und fertigen Erzeugnissen durch die Phase der Erzeugung kennzeichnet, bedarf die zeitliche Komponente ebenfalls einer eingehenden Betrachtung. Die Zeitspanne, die ein Erzeugnis benötigt, um zunächst als Rohstoff in den Erzeugungsbereich zu gelangen, bis zu seiner endgültigen Fertigstellung und Überstellung an den Vertriebsbereich wird als *Durchlaufzeit* T_D bezeichnet. Sie ist grundsätzlich länger als die Fertigungszeit T_F. Diese ist nämlich nur die Summe der Operationszeiten aller Erzeugungsstufen i für jeweils eine Erzeugniseinheit (Operationszeit t_{bi} = Bearbeitungsstückzeit einschließlich der dazu gehörenden Spann- und Kontrollzeiten). Die Differenz zwischen T_D und T_F, die in der Praxis – insbesondere bei Einzel- und Serienfertigung – ein Vielfaches der Fertigungszeit T_F beträgt, findet ihre Erklärung in der Summe aller Förderzeiten t_{ti} jeweils bis zur Stufe i, in unvermeidbaren Liegezeiten T_{Lu} bei Betriebsruhe am Wochenende, in der 3. und ggf. auch in der 2. Schicht, in organisationsbedingten Liegezeiten bei Serienfertigung, wenn von einer x_0 Stück umfassenden Serie jeweils nur ein Teil in jeder Erzeugungsstufe bearbeitet wird, und schließlich noch in vermeidbaren Liegezeiten T_{Lv} aufgrund unzureichender oder zumindest unvollkommener Gestaltung des Materialflusses. Für den einfachen Fall einer durchgängigen Fertigung [s. dazu Riebel/L 103, S. 55 f.] gilt z. B.:

$$T_D = \left(\sum_{i=1}^{m} t_{bi}\right) \cdot x_0 + \sum_{i=1}^{m+1} t_{ti} + T_{Lu} + T_{Lv}$$

Die Formel bedarf für analytische und synthetische Erzeugungsverfahren gewisser Modifizierungen.

Diese Zusammenhänge begründen leicht Durchlaufzeiten, welche mehrere tausend Prozent der Fertigungszeit ausmachen. Sie lassen folgendes erkennen: Nachdem, bedingt durch den technischen Fortschritt, heute kaum noch maßgebliche Einsparungen bei den Operationszeiten t_{bi}, die bei automatisierter Erzeugung von Kleinteilen oft schon in Sekunden gemessen werden, zu erzielen sind, bestehen die größten Rationalisierungsreserven bei industrieller Erzeugung in einer optimalen Dimensionierung der Auftragsgrößen x_0 [s. S. 104 ff.], in einem auf Zeitersparnisse bei den Förderzeiten t_{ti} ausgerichteten Förderwesen und schließlich in einer auf Ausschaltung aller vermeidbaren Liegezeiten T_{Lv} ausgerichteten Ablaufplanung [s. VII.]. Begründet wird diese Zielsetzung dadurch, daß in den die Zeitspanne $(T_D - T_F)$ verursachenden Zeiten ein Zwischenerzeugnis keine Wertzuwächse erfährt, während die Aufwendungen oder Kosten, welche bis zum jeweils erreichten Reifegrad für das Erzeugnis anfallen, eine ihrerseits wieder kostenverursachende Kapitalbindung darstellen.

Die Forderung nach Vermeidung jeglicher T_{Lv} setzt voraus, daß jedes Werkstück nach Fertigstellung in einer Erzeugungsstufe immer unmittelbar danach in der nächsten weiterbearbeitet werden kann, das heißt, daß jegliche Liegezeiten entfallen müssen. Solche Konstellationen zeigen sich aber im allgemeinen nur bei einer Massen- oder bestenfalls auch Großserienfertigung, wenn sie als zeitlich gebundene Fließfertigung [s. S. 28 f.] organisiert wird mit nachgeschalteten, sofern Kapazitätserweiterungen nötig sind, aber auch nebeneinander geschalteten Kombinationen von Potentialfaktoren. Bei jedem anderen Produktionstyp und insbesondere bei der Einzelfertigung mit ihrer ständig wechselnden Auftragsstruktur und somit sich ständig ändernden Inanspruchnahme der produktiven Kombinationen wird die Voraussetzung nicht zu realisieren sein. Ausgenommen sind solche Situationen, in denen die Auftragslage einer Unternehmung so schlecht ist, daß die produktiven Kombinationen im Zeitablauf kaum ausgelastet sind. Sonst muß aber damit gerechnet werden, daß Aufträge (Lose, Werkstücke), die in ihrer Struktur (Bearbeitungszeit pro Auftrag und Arbeitsgang) ungleichartig sind, zu den jeweils nächsten Bearbeitungsstationen gelangen, wenn diese durch andere Aufträge noch belegt sind. Es entstehen dann Liegezeiten, welche die Ablaufplanung verursacht haben kann. Anderseits sind auch Situationen möglich, in denen produktive Kombinationen nicht ausgelastet sind, weil der jeweils nächste Auftrag noch nicht in der vorgeschalteten Bearbeitungsstufe fertiggestellt wurde. Es entstehen dann, wieder durch die Ablaufplanung bedingt, Leerkosten verursachende Wartezeiten bei den Arbeitskräften und ebenfalls Leerkosten verursachende Brachzeiten bei den Betriebsmitteln [s. S. 60].

Je nach der verfolgten Zielsetzung, ob eine Minimierung der Kapitalbindung in den Erzeugnissen durch Minimierung der Durchlaufzeit angestrebt wird oder eine Maximierung der Kapazitätsausnutzung bzw. Minimierung der entstehenden Mehrkosten, werden die durch ein zeitliches Reihen (Ordinieren) erzielten Auftragszuordnungen nur selten beiden Zielsetzungen gleichzeitig gerecht werden. In Abhängigkeit von den Operationszeiten t_{ij} für die Aufträge i auf den produktiven Kombinationen (Maschinen) j werden im allgemeinen die Auftragszuordnungen, die sich aus den verschiedenen Zielsetzungen herleiten, mehr oder weniger stark voneinander abweichen [s. Abbildung 34]. Diesen Sachverhalt eines Unvermögens, zwei sich einander vielfach ausschließenden Zielsetzungen gleichzeitig nachzukommen, bezeichnet GUTENBERG [L 43, S. 215 f.] als das *Dilemma der Ablaufplanung*. Es stellt neben dem Gesetz der Massenproduktion [s. S. 25] eine weitere Ursache dafür dar, daß Industriebetriebe nach Typenbeschränkung, Programmbereinigung oder Spezialisierung trachten oder zumindest trachten sollen; gleich welche der beiden Grundtypen einer Auftragszuordnung wie in Abbildung 34 gewählt wird, fast immer werden Liege- oder Leerkosten nicht zu vermeiden sein.

a)

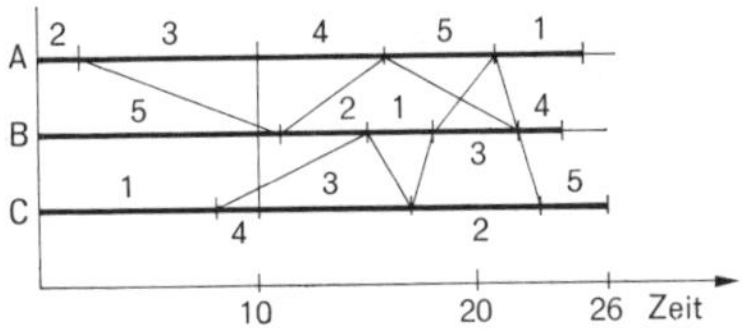

	Auftrag				
	1	2	3	4	5
A	4	2	8	6	5
B	3	4	4	2	11
C	8	6	7	2	3

Keine Reihenfolgebeschränkungen!

b)

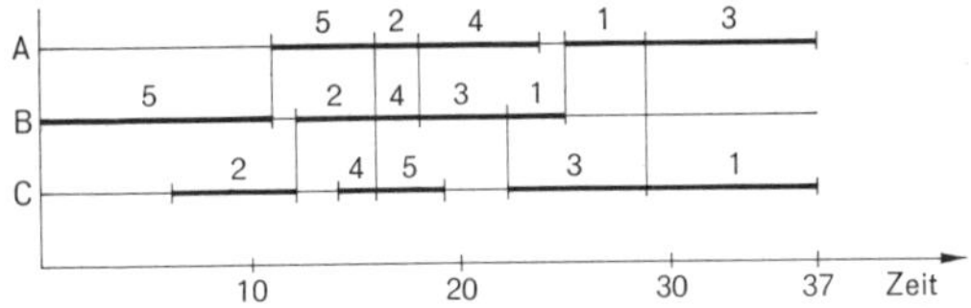

Abbildung 34: Belegungspläne für 5 Aufträge und 3 Arbeitsplätze (A, B, C) bei a) maximaler Kapazitätsauslastung und b) minimalen Durchlaufzeiten

Es liegt deshalb nahe, das Dilemma durch Minimierung der Summe aus den Liege- und Leerkosten zu bewältigen. Hierzu sind wegen der Multidimensionalität solcher Problemstellungen in der betrieblichen Praxis sowie infolge einer möglichen Existenz von Restriktionen, wie insbesondere technologisch bedingten Reihenfolgebeschränkungen für die Aufträge, die zu einer Beschränkung der Freiheitsgrade der Aufgabenstellungen führen, operationsanalytische Lösungsmethoden erforderlich. Mit ihnen ist es bisher unter Verwendung von Prioritätsregeln gelungen, zu befriedigenden Näherungslösungen zu gelangen. Es gibt aber noch keine Kriterien, ob und wieweit solche heuristischen Lösungen von einer eventuell noch besseren, der absoluten Optimallösung, entfernt sind [s. auch VII. 2. und Hoss/L 51 sowie Günther/L 160].

2. *Die Materialbereitstellung*

Das Streben nach einem optimalen Materialfluß impliziert nicht nur das Erfordernis einer optimalen Lösung des Dilemmas der Ablaufplanung. Es erstreckt sich vielmehr auch auf die Versorgung der ersten Erzeugungsstufe mit den benötigten Werkstoffen (Einsatzstoffen). Ebenso wie die Aufgabe der Erzeugungswirtschaft ihren Ursprung und ihre Rechtfertigung in der Absatzfunktion industrieller Betriebe findet, ebenso begründet die Erzeugungsfunktion die Notwendigkeit einer rationellen Materialbeschaffung und -bereitstellung. Beide obliegen dem Bereich der *Materialwirtschaft*. Deren Objekte sind wiederum nicht nur die in die Erzeugnisse eingehenden Rohstoffe und Hilfsstoffe (Fertigungsmaterialien), sondern ebenfalls die erhebliche Bedeutung besitzenden Betriebsstoffe [s. S. 92], die Abfallstoffe und das Leergut (entleerte Verpackungen wie Kisten, Fässer usw.).

Die *originäre Aufgabe* der Materialwirtschaft ist physischer Natur. Sie »besteht darin, das für die Gütererzeugung benötigte Material in der erforderlichen Menge und Güte zur rechten Zeit am rechten Ort bereitzustellen« [Grochla/L 39, S. 18]. Diese Aufgabe zielt im einzelnen hin auf eine rechtzeitige Materialbestellung, Überwachung der Liefertermine und Wareneingangskontrolle nach Mengen und Qualitäten (Funktion der Materialbeschaffung), erfaßt aber auch – sofern nötig oder zweckmäßig – die Lagerung der beschafften Güter einschließlich ihrer Verwaltung und Pflege (Funktion der Lagerwirtschaft) und erstreckt sich hin bis zur Weiterleitung der Materialien an den Erzeugungsbereich (Funktion der Materialbereitstellung). Sie impliziert noch gewisse Hilfsfunktionen, wie die Abfallstoff- und Leergutverwaltung, sowie die Materialrechnung einschließlich Bestandsführung nach Mengen und gegebenenfalls auch nach Werten.

Von diesen Funktionen ist für die Erzeugungswirtschaft die Materialbereitstellung, wie schon erwähnt, von besonderer Relevanz. Ihre Gestaltung bedingt aber zugleich eine Einbeziehung der Hauptfunktionen der Materialwirtschaft und aufgrund ökonomischer Erwägungen auch eine Beachtung von deren *derivativen Aufgaben*. Während die originäre Aufgabe in der Sicherung des Erzeugungsprozesses besteht, zielt die erste derivative

Aufgabe darauf hin, die Kapitalbindungen in den Vorratsgütern so weit als möglich zu begrenzen. Jene wird verursacht durch die zwar beschafften, dem Erzeugungsprozeß aber noch nicht zugeführten Materialien. Deren Menge wieder wird von den Beschaffungsverhältnissen am Markt (insbesondere Verfügbarkeit und Beschaffungspreise) und den Bedingungen bestimmt, die seitens des Erzeugungsbereichs durch Erzeugungsprogramm, Erzeugungstyp und Kapazitätsauslastung gelten. Je größer das Streben ist, Warte- und Brachzeiten bei den produktiven Kombinationen des Erzeugungsbereichs zu vermeiden, um so mehr wird seitens der Materialwirtschaft die Versuchung bestehen, möglichst große Vorräte an Roh-, Hilfs- und Betriebsstoffen zu halten. Die Vorräte binden aber ebenso wie die erwähnten Zwischenerzeugnisse bei übermäßig langer Durchlaufzeit [s. S. 95] sehr leicht Kapitalien, die auch anderweitig im Betrieb benötigt werden. Damit ist zugleich die zweite derivative Aufgabe angesprochen, nämlich die durch die Vorratshaltung entstehenden Kosten, insbesondere diejenigen der Kapitalbindung (Zinsen), aber auch Raum-, Transport-, Prüf-, Wartungs- und Wagniskosten, deren Höhe vom Vorratsvolumen bestimmt wird, so niedrig wie möglich zu halten.

Dieser Aspekt zeigt, daß es gelegentlich auch sinnvoll sein kann, für eine gewisse Zeitspanne ein Fehlen von Werkstoffen und damit Stillstände im Erzeugungsbereich bewußt in Kauf zu nehmen. Dies gilt aber nur solange, als die durch eine solche Politik einzusparenden Zins- und Lagerhaltungskosten nicht durch die versorgungsbedingten Leerkosten im Erzeugungsbereich und eventuell auftretende Umsatzeinbußen und vielleicht gar Konventionalstrafen für verspätete Lieferungen überkompensiert werden. Es spricht vieles dafür, daß solchen Überlegungen in der Praxis gar nicht erst Raum gegeben wird, weil die Lagerhaltungskosten meist ein wesentlich geringeres Gewicht haben als die sie gegebenenfalls kompensierenden Kostenarten. Die Bilanzen von Industriebetrieben sollten wegen ihrer vielfach überhöhten Positionen des Vorratsvermögens zumindest zu denken geben. So betrug im Jahr 1970 das durchschnittliche Vorratsvermögen (einschließlich der unfertigen und fertigen Erzeugnisse) in den aktienrechtlichen Bilanzen beispielsweise der Feinmechanik 37,3%, der Textil- und Bekleidungsindustrie 34,7%, des Maschinenbaus und der elektrotechnischen Industrie 33,5% der Bilanzsummen (errechnet nach den absoluten Angaben über die Jahresabschlüsse der Aktiengesellschaften, in: Statistisches Jahrbuch für die Bundesrepublik Deutschland 1973, S. 206 f.). Solche

Relationen lassen vermuten, daß viele Betriebe von der Realisierung ihres materialwirtschaftlichen Optimums [GROCHLA/L 39, S. 18] noch weit entfernt sind.

Die unter Beachtung dieses Optimums entwickelten *Formen der Materialbereitstellung* sind physischer und dispositiver Art. Physische Bereitstellung ist diejenige einer rechtzeitigen Herbeischaffung der Materialien an die Schalter der Materialausgabe oder gar der Bereitstellung am Arbeitsplatz [s. Bringsystem, S. 94]. Sie erfolgt in der Regel aufgrund zweckentsprechender Informationen durch Bestellungen, Anweisungen, Materialausgabescheine, Stücklisten u. ä. Dispositive Bereitstellungsformen sind die Bereitstellung nach Einzelbeschaffung im Bedarfsfall, die erzeugungs-(fertigungs-)synchrone Anlieferung und die Bereitstellung aus Vorräten sowie der Kauf auf Abruf. Die beiden erstgenannten Formen können als *Synchronisierung* von Beschaffung und Erzeugung angesprochen werden, während die Vorratshaltung im Extremfall durch eine totale *Emanzipierung* beider Funktionen im Zeitablauf gekennzeichnet ist. – Für die *Einzelbeschaffung im Bedarfsfall* entfallen – abgesehen von den Zeiten des Wareneingangs und der Warenkontrolle – weitgehend jegliche Lagerzeiten und damit lagerabhängige Kapitalbindungen sowie Zins- und Lagerhaltungskosten. Bei ihr werden die benötigten Werkstoffe, insbesondere Spezialmaterial, erst zu den Zeitpunkten beschafft und zugleich bereitgestellt, zu denen sie auch gebraucht werden. Ein solches Vorgehen bedingt im Vergleich zu anderen Bereitstellungsverfahren höhere Bereitstellungskosten und – wegen der kleineren Mengen – meist auch höhere Einstandspreise. Auch sind die Gefahren nicht termingerechter Materialbereitstellung recht groß, zumal wenn keine absolute Gewähr für die Einhaltung der zugesagten Lieferfristen durch die Lieferanten besteht. – Die *fertigungssynchrone Anlieferung* stellt eine Modifizierung der zuvor genannten Form dar. Hier wird die Erzeugung wiederum direkt aus den Anlieferungen versorgt, so daß sich eine Vorratslagerung – abgesehen von gewissen Sicherheitsbeständen – ebenfalls als überflüssig erweist. Abweichend von der Einzelbeschaffung erfolgt hier für einen längeren Zeitabschnitt aufgrund der Kenntnis des täglichen oder wöchentlichen Bedarfs der Erzeugung eine vertragliche Vereinbarung mit dem oder den Lieferanten. Diese werden verpflichtet, die benötigten Werkstoffe jeweils zu den vom Erzeugungsablauf bedingten Terminen anzuliefern. Die Einhaltung einer solchen Verpflichtung muß durch Vereinbarung von (erheblichen) Konventionalstrafen für den Lieferanten im

Falle einer Nichtlieferung oder verspäteter Lieferungen erzwungen werden. – Der *Kauf auf Abruf* ist dagegen eine Beschaffungsform, mit der ein Erzeuger zwecks Qualitätskonstanz und Gewißheit für langfristige Kalkulationen danach trachtet, sich größere Mengen eines Roh- oder Betriebsstoffes durch nur gelegentliche und auf preisgünstigen Einkauf ausgerichtete Dispositionen zu sichern, sich aber räumlich, finanziell und/oder aufgrund seines Erzeugungsprogramms nicht in der Lage sieht, den gesamten bestellten Posten in einer einzigen Lieferung vom Lieferanten abzunehmen. Dieser wird sogar seinerseits global zu disponieren trachten und immer nur so viel erzeugen, wie von ihm – partieweise – »auf Abruf« von der georderten Gesamtmenge abverlangt wird. Die Rechnungsstellung erfolgt in der Regel nur über die gelieferten Partien. – Bei *Vorratshaltung* stellt ein Betrieb auf weitgehende Unabhängigkeit der Beschaffung von der Erzeugung ab. Kapitalbindungen und Lagerhaltung werden zum Zwecke der Sicherung des Erzeugungsprozesses und der Unabhängigkeit von – vielfach unzuverlässigen – Lieferanten und/oder Lieferverhältnissen (z. B. Witterungsbedingungen für den Verkehr, politische Verhältnisse in den Ländern der Rohstofflieferanten) sowie auch von Preisschwankungen am Beschaffungsmarkt bewußt in Kauf genommen.

Die Wahl der anzuwendenden Bereitstellungsformen muß der Zielsetzung einer Erreichung des materialwirtschaftlichen Optimums entsprechen. Ihre Berechtigung leitet sich deshalb aus den Umständen ab, die im Einzelfall von der Situation am Beschaffungsmarkt und den Erfordernissen des Erzeugungsbereichs geprägt werden. – So wird bei auftragsorientierter Einzel- und Kleinserienfertigung insbesondere von Großprojekten (z. B. im Schiffsbau, Brückenbau, Großmaschinen- und Industrieanlagenbau), wenn Art und Mengen spezieller Vorerzeugnisse frühestens bei der Auftragserteilung bekannt werden, auf die Einzelbeschaffung im Bedarfsfall zurückzugreifen sein. Erstrebenswerte Voraussetzungen sind jedoch auch hier hinreichende Gewähr für die Einhaltung der Lieferfristen seitens der Lieferanten, kein Zeitzwang zur eigenen Lieferung an den Kunden und die Möglichkeit eines kompensatorischen Ausgleichs hinsichtlich der Auslastung der eigenen Produktionsfaktoren durch andere Ergänzungs- oder Vorratsaufträge. – Die fertigungssynchrone Anlieferung setzt dagegen eine Gleichförmigkeit des Materialbedarfs und eine entsprechende Marktposition des Beziehers auf dem Beschaffungsmarkt voraus. Mit anderen Worten bedeutet dies, daß nur Betriebe mit Massen- und Großserienfertigung interessiert sein werden, auf fertigungssynchrone Anlieferung ausgerichtete Verträge mit – meist kleineren, auf Sicherung ihres Absatzes bedachten – Lieferanten abzuschließen. Nur Großbetriebe werden gegenüber kleineren Betrieben die Marktposition besitzen, Konventionalstrafen für verspätete Lieferungen vertraglich durchzusetzen. Darum ist diese Bereitstellungsform nur in wenigen Industriezweigen (z. B. Kraftfahrzeugbau) anzutreffen. – Der Kauf auf Abruf findet insbesondere in der Textilindustrie Anwendung. Hier sind kleinere Erzeuger (Strickereien, Wirkereien, Webereien) meist gehalten, Garne mit unterschiedlichsten Stärken und Farben im Hinblick auf ein vielseitiges Erzeugungsprogramm (Kleinserienfertigung) zu verarbeiten. Diese differenzierten Vorprodukte werden aber in den Spinnereien aus nur wenigen Rohstoffqualitäten (Wolle, Baumwolle, synthetische Fasern) hergestellt. Daher liegt es nahe, daß die weiterverarbeitenden Strickereien, Wirkereien und Webereien indirekt die nur wenigen Rohstoffqualitäten ordern und deren Verarbeitung von Fall zu Fall dem Verarbeiter aufgeben. Dieser ist in der Regel sogar bereit, die Vorfinanzierung jeweils bis zur Lieferung der einzelnen Partien zu übernehmen. – Die Vorratshaltung schließlich wird überall dort Vorstufe für eine termingerechte Materialbereitstellung sein müssen, wo die Bedingungen der übrigen Formen nicht gegeben sind. Vorratshaltung bedeutet aber nicht immer die totale Form der Emanzipierung von zeitlicher Beschaffung und Verwendung. Es gibt hier vielmehr zahlreiche Ausgestaltungsformen mit jeweils konstanten oder aber auch variablen Beschaffungsmengen als Aktionsparametern im Rahmen einer auf Rationalität bedachten Lagerhaltung.

3. Lagerwirtschaft

Eine Aufgabe der Lagerwirtschaft, die vielfach als Teilbereich der Materialwirtschaft ausgegeben wird, stellt unzweifelhaft die Bevorratung zwecks eines termingerechten Beginns der Erzeugungsprozesse dar. Erstreckt sich der Aufgabenbereich der Materialwirtschaft, wie oft herausgestellt wird, nur auf die Funktionen, die zwischen dem Einkauf und der Erzeugung liegen [vgl. ENRICK/L 159], so ist hier der Begriff der Lagerwirtschaft weiter zu ziehen. Lager können in allen Erzeugungsstufen von Industriebetrieben und in allen Funktionsbereichen für die verschiedensten Lagergüter erforderlich sein. Grundsätzlich kommt einem Lager die Aufgabe zu, vorübergehend (ohne Bezug auf die Zeitspanne) nicht benötigte Werkstoffe (Roh-, Hilfs-

und Betriebsstoffe, Abfallstoffe), aber auch nicht benötigte Betriebsmittel (Werkzeuge, Verpackungen, Fertigungshilfsmittel wie Meßzeuge, Vorrichtungen, Formen sowie auch ganze Aggregate oder Aggregatteile wie Motoren, Pumpen, Elemente von Aufbaueinheiten) und unfertige sowie fertige Erzeugnisse zu verwahren, bis diese ihrer Zweckbestimmung (Verbrauch, Benutzung, Verkauf) zugeführt werden. In sehr weiter Auslegung des Begriffes, der nicht zwingend die Lagerung der Lagergüter in eigens dafür vorgesehenen Räumen voraussetzt, wären auch alle im Erzeugungsprozeß befindlichen, aber momentan nicht manipulierten (sich effektiv nicht in der Be- oder Verarbeitung oder auf dem Transport befindenden) Werkstücke als Lagergüter anzusprechen [s. S. 95 f.].

Lager sind insofern die Konsequenz von Vorratshaltungen zwecks Sicherung des Erzeugungs- und Absatzprozesses und von stoßweiser Durchschleusung mehrere Einheiten umfassender Aufträge (Serien- aber auch Sorten- und Chargenfertigung). Ferner sind sie Folge der Bestrebungen der Ablaufplanung, möglichen Leistungsgradschwankungen, Planungsmängeln, Störungen und anderen Friktionen wenigstens insoweit begegnen zu können, daß diese Friktionen hinsichtlich ihrer Wirkungen auf den gesamten betrieblichen Prozeß der Leistungserstellung auf ein zu vertretendes Mindestmaß beschränkt bleiben. Insofern kommen der Lagerhaltung Sicherungs-, Koordinierungs- und Glättungsfunktionen zu. Eine Spezialfunktion, nämlich die Produktivfunktion, sei hier nur am Rande erwähnt, weil Produktivläger (Gär- und Lagerkeller von Brauereien, Gärkeller in Sektkellereien, Reifelager in Käsefabriken, Darren in Mälzereien und – für die erste Lagerwoche – die Klinkerlager in Zementfabriken) eigentlich weniger als Lager, denn als Erzeugungsstufen für biologische oder chemische Reife- oder Umsetzungsprozesse anzusprechen sind.

Voraussetzung einer jeden Lagerhaltung ist die Lagerfähigkeit der zu lagernden Güter hinsichtlich ihrer qualitativen Beschaffenheit und ihrer technologischen Eigenart sowie ein entsprechendes Finanzpotential. So ist beispielsweise – abgesehen von den geringen Möglichkeiten, welche Akkumulatoren und Batterien bieten – elektrische Energie nicht lagerfähig; Fisch, Obst, Gemüse sind dagegen stark begrenzt und Zuckerrüben sowie gewisse Chemikalien sind für längere Fristen lagerfähig, dieweil Hopfenblüten, Maschinenteile und anderes mehr bei entsprechender Pflege und Lagerung physisch unbegrenzte Lagerfähigkeit besitzen. Diese Unterschiede in der Lagerfähigkeit sowie ein im Zeitablauf mehr oder weniger deterministisch schwankender Absatzverlauf oder Anfall von Rohstoffen können zur Folge haben, daß der Erzeugungsrhythmus oder die zeitliche Auslastung des Erzeugungspotentials diesen von außerhalb des Betriebes wirksamen Einflüssen anzupassen ist. Dabei muß versucht werden, Lösungen zu finden, die Kompromisse zwischen den durch mangelnde Kapazitätsausnutzung entstehenden Leerkosten einerseits und den Kosten der Lagerhaltung anderseits darstellen. Solche Probleme stellen sich sowohl für nicht lagerfähige als auch für lagerfähige Werkstoffe und Erzeugnisse. Besonders kraß sind sie für Elektrizitätswerke, die im allgemeinen »rund um die Uhr« mit Kapazitätsauslastungen produzieren müssen, die innerhalb von 24 Stunden von 10% bis 100% schwanken können. Sie stellen sich aber auch für solche Industriebetriebe, die zwar unstetig arbeiten (Betriebsruhe an Wochenenden, an Feiertagen und während der dritten oder gar zweiten Schicht), bei denen aber jahreszeitliche Einflüsse den Erzeugungsrhythmus prägen [s. VII. 1.] und sie dadurch zu *Saisonbetrieben* (z. B. Spielwaren- und Süßwarenindustrie) oder zu *Kampagnebetrieben* (Zucker-, Malz- und Konservenfabriken) werden lassen.

Der Aspekt der Kapitalbindung in Lagergütern [s. S. 98 f.] und der Entstehung von Lagerhaltungskosten, die von der Lagermenge, und solchen, die vom Beschaffungsvorgang abhängen, hat schon frühzeitig zu modellanalytischen Untersuchungen geführt. Diese zielen darauf hin, wie bei einer bekannten Bedarfsstruktur eine Lagermenge, sei es im Beschaffungs-, Erzeugungs- oder Absatzbereich, optimiert werden kann. Angelpunkt aller dieser Überlegungen ist die Lagerzugangsmenge x (Bestellmenge, Auftragsgröße, Losgröße). Sie bestimmt zusammen mit den – bekannten – Lagerentnahmen, die im Zeitablauf t meist als konstant angenommen werden [s. Abbildung 35], die durchschnittlichen Lagerbestandsmengen b. Bei Existenz eines eisernen Be-

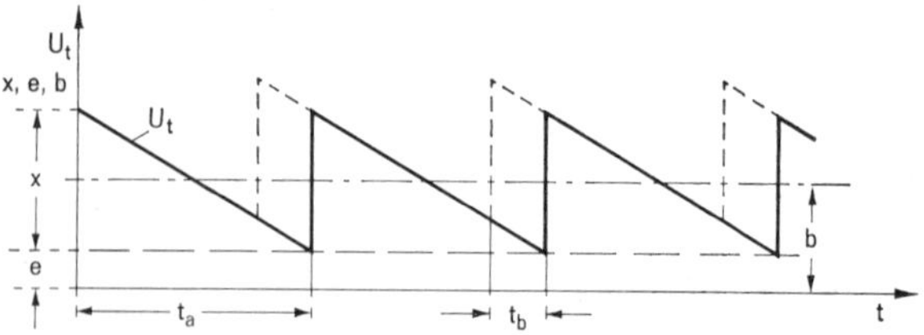

Abbildung 35: Lagerbestände im Zeitablauf bei gleichförmigen Lagerentnahmen (t_a = Absatzperiode, t_b = Bestellperiode)

standes e für unvorhergesehene Fälle gilt für diese die Beziehung [b=e+x/2].

Für die kostenoptimale Lagerzugangsmenge x_0 muß die Summe aus den Beschaffungs- oder Herstellkosten einerseits und den Lagerkosten anderseits ein Minimum sein. Werden dazu die auf die Lagereinheit bezogenen Kosten k_H und k_L herangezogen, so erweisen sich diese als Funktionen der variablen Lagerzugangsmenge x und mehrerer Einflußgrößen, nämlich der stückbezogenen Einstandspreise oder Stückkosten s, der pro Lagerzugang jeweils nur einmal anfallenden Bestell- oder Einrichtekosten E, des Periodenbedarfs m und des auf diese Periode bezogenen Zinssatzes p. Unter Vernachlässigung von e lauten sie:

$$k_H = s + E \cdot \frac{1}{x}$$

$$k_L = (k_H \cdot \frac{x}{2}) \frac{p}{100} \cdot \frac{1}{m}$$

Da die Summenfunktion k [$= k_H + k_L$] in dieser einfachsten Form stetig ist und keinen Restriktionen unterliegt, läßt sich das Minimum von k durch Differenzieren und anschließendes Nullsetzen des Differentialquotienten ermitteln:

$$k = s + \frac{E}{x} + \frac{s \cdot p \cdot x}{200 \cdot m} + \frac{p \cdot E}{200 \cdot m}$$

$$\frac{dk}{dx} = - \frac{E}{x^2} + \frac{s \cdot p}{200 \cdot m} = 0$$

Wird dieser Ausdruck nach x aufgelöst, so ergibt sich die Grundformel für die optimale Lagerzugangsmenge (Losgröße) x_0:

$$x_0 = \sqrt{\frac{200 \cdot m \cdot E}{s \cdot p}}$$

Gleichzeitig ist damit auch die optimale Bestellhäufigkeit pro Periode mit $y_0 = m/x_0$ definiert. Dieses Grundmodell [s. dazu auch Abbildung 36] ist durch Aufhebung und Variation der zahlreichen Annahmen (beispielsweise deterministischer linearer Lagerverzehr, keine Restriktionen, keine Fehlmengen) beliebig erweiterungsfähig. Sobald es im Erzeugungsbereich als Modell für die optimale (Serien-)Losgröße herangezogen wird, durch welche die Größe der Zwischenlager und die Durchlaufzeit T_D [s. S. 95] bestimmt wird, muß auch die erwähnte Prämisse unendlich schnellen Lagerzugangs durch die Annahme endlicher Erzeugungsgeschwindigkeiten ersetzt werden. In Abbildung 35 wären dann die Lagerzugänge durch schräg nach oben verlaufende Anstiege zu kennzeichnen; in ihnen spiegelt sich die Erzeugungsgeschwindigkeit oder genauer die Erzeugungsdauer t_p wider, während das Steigungsmaß des Lagerverzehrs ein Maßstab für die Absatzgeschwindigkeit oder die Absatzdauer t_a ist. In der Formel für die optimale Losgröße würden dann die Stückkosten s um ein Zusatzglied $(1 - t_p/t_a)$ bei kontinuierlichem Erzeugungsausstoß oder um ein Zusatzglied $(1 + t_p/t_a)$ bei zeitpunktgeballtem Erzeugungsausstoß multiplikativ zu erweitern sein.

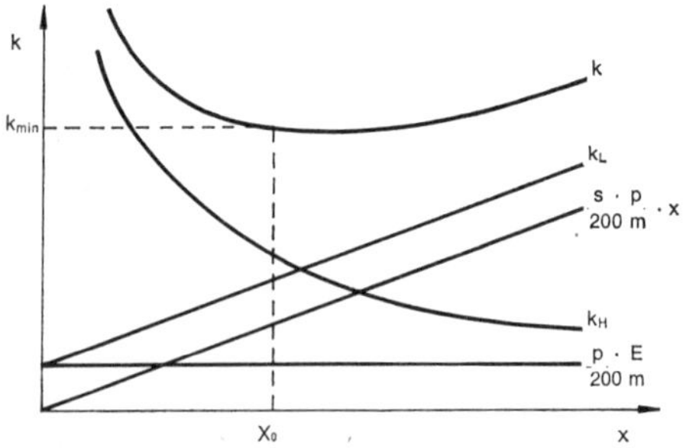

Abbildung 36: Funktionen der Einheitskosten für die Ermittlung optimaler Lagerzugänge

Diese Überlegungen münden jedoch in die speziellen Probleme bei der Gestaltung von Erzeugungsprozessen ein. In ihren Zusammenhang lassen sich weitere Aspekte der Lagerwirtschaft einbeziehen wie beispielsweise deren instanzieller Aufbau, Fragen der – zentralen und dezentralen – räumlichen Lageranordnung (Standortproblem), die Möglichkeiten der körperlichen Lagergutunterbringung (stationäre und umlaufende Lager, Freilager und Innenlager, verschlossene und offene Lager) und der Verwendung vielfältiger Lagerhilfsmittel. Einen genaueren Einblick vermittelt die Spezialliteratur: Göldner / L 37, L 38; Grochla / L 39; Henzel / L 49; Kroeber-Riel / L 75; Schulte / L 111.

VII. Die Gestaltung von Erzeugungsprozessen

1. Ausgleichsplanungen bei marktorientierter Erzeugung

Die Gestaltung von Erzeugungsprozessen ist Gegenstand der Ablaufplanung und Ablauforganisation oder in der Terminologie der sogenannten Fertigungsindustrie (verarbeitende Industriezweige ohne Grundstoffindustrie) Gegenstand der Fertigungsplanung und Fertigungssteuerung. Ablaufplanung für den Erzeugungsbereich ist das Entwerfen von Ordnungen, nach denen sich jeweils Erzeugungsprozesse in Raum und Zeit vollziehen sollen. Gegenüber den bisher behandelten Gestaltungsproblemen rückt nunmehr das Zeitmoment in den Vordergrund der Planungsanliegen. Im Erzeugungsprogramm ist es zwar indirekt enthalten, doch setzt dieses Programm bestenfalls nur Endtermine für die Fertigstellung und Auslieferung der Erzeugnisse. Diese Termine sind dann die Vorgaben für die Planung des zeitlichen Ablaufs der Erzeugungsprozesse, deren Schwergewicht »die zeitliche Ordnung des Einsatzes der Produktionsfaktoren und des Durchlaufs der Werkstücke« ist [Ellinger/L 30, S. 17].

Die Akzentsetzungen der ablauforientierten Gestaltungsfragen hängen von der Form der Marktverbundenheit eines jeden Industriebetriebs ab. Ist die Erzeugung marktorientiert (closed shop type), das heißt, auf einen Kreis anonymer Endverbraucher ausgerichtet, von denen die Bestellungen der Erzeugung – auf Lager – meist erst zeitlich nachfolgen, so werden die Erzeugungsbedingungen in erster Linie vom Absatzmarkt her geprägt. Die Art und Struktur des Erzeugungspotentials ist auf diese Bedingungen hin auszurichten. Die Massen-, Sorten- und Großserienfertigung, die der marktorientierten Erzeugung meist adäquat ist, erlaubt es solchen Erzeugern, ihr Potential mit einem höheren zusätzlichen oder gegebenenfalls speziellen *Vorbereitungsgrad* [vgl. Ellinger/L 30, S. 70] als bei der – in ihrer Zusammensetzung variableren – auftragsorientierten Erzeugung einzusetzen. Sie können es auf die zwar starrere, bei voller Auslastung aber doch kostengünstigere Fließfertigung in allen ihren Formen [s. S. 28 f.] ausrichten. Die Struktur eines weitgehend Gleichartigkeit und wenig Variationen zeigenden Erzeugungsprogramms stellt gewissermaßen ein Datum dar, auf das hin die Erzeugungs-»Apparatur« quantitativ und qualitativ auszurichten ist.

Die – vorwiegend lang- und mittelfristigen – Ausgleichsplanungen konzentrieren sich deshalb auf die Dimensionierung der Kapazitanzen [s. S. 90] innerhalb einer Erzeugungsfolge, das heißt, einer mehrere Erzeugungsstufen umfassenden Erzeugungslinie, um Leerkosten infolge zu großer Dimensionierung einzelner Leistungsquerschnitte zu vermeiden. Des weiteren erstrecken sie sich auf den Umfang zweckmäßiger (vertikaler) Arbeitszerlegung im Sinne der Artteilung, nämlich auf die optimale Zahl der hintereinander zu schaltenden Arbeitsoperationen. Schließlich müssen sie auch den Aspekt einer Fixierung von Operationszeiten erfassen, die – insbesondere bei Taktfertigung – an allen Stationen gleich lang sein müssen. Formal zeigt sich dieses – auch auf lockere Formen der Fließfertigung, wie z. B. Linienfertigung, anzuwendende – *Fließbandproblem* (product line balancing problem) in folgender Aufgabe: Insgesamt n Arbeitselemente j (Arbeitsgänge, -operationen) mit unterschiedlicher Dauer t_j sind insgesamt $m \leqq n$ Arbeitsstationen (-stellen, produktiven Kombinationen niedersten Grades) mit einer Taktzeit c so zuzuordnen, daß der Abstimmungsverlust d, der sich als Differenz der Gesamtdurchlaufzeit (1. Glied) und der Gesamtoperationszeit (2. Glied) ergibt, minimal wird:

$$d = m \cdot c - \sum_{j=1}^{n} t_j = \text{Min!}$$

Da die von der Reihenfolge unabhängigen Operationszeiten t_j konstant sind, reduziert sich das Problem auf eine Minimierung der Gesamtdurchlaufzeit $[T_D = m \cdot c]$. Dabei ist zu beachten, daß die t_{ij}, die sich aus einer Zuordnung eines Arbeitselementes j zu einer Station i ergeben, kleiner oder gleich einer noch zu bestimmenden Taktzeit sind $[t_{ij} \leqq c]$, daß jedes Arbeitselement nur einmal zugeordnet wird, daß technologische Reihenfolgebeschränkungen, die sich in einer Vorrangmatrix fixieren lassen, eingehalten werden und daß eine vorgegebene Stückzahl pro Schicht erreicht oder überschritten wird. Je nachdem, ob von den beiden Variablen m und c nur die Arbeitsstellenzahl m bei vorgegebener Taktzeit c oder die Taktzeit bei vorgegebener Arbeitsstellenzahl oder das Produkt $m \cdot c$ mit zwei Variablen minimiert wird, und je nach der Methodik, wie die Modellösungen bewirkt werden – sie verursachen teilweise einen erheblichen Rechenaufwand –, bieten sich eine Vielzahl von Fließbandabstimmungsverfahren an. Einen Überblick über sie enthält BUSSMANN/MERTENS / L 22, S. 313 ff.

Operationsanalytische Lösungen von Fließbandproblemen erbringen gegenüber den sonst angewendeten Probierverfahren eine Reduktion der Abstimmungsverluste; sie betragen erfahrungsgemäß 5–20%, so daß weitere Reduktionen noch anderer Maßnahmen bedürfen. So setzt eine Grobabstimmung bereits voraus, daß die Kapazitäten der einzelnen Stationen in ihren Ausmaßen nicht allzu sehr divergieren. Durch Parallelschaltungen gleichartiger Kapazitäten lassen sich Querschnittsvariationen bewirken, wobei solche Batterien räumlich sowohl nebeneinander als auch hintereinander angeordnet sein können. Deren Versorgung durch den physischen Materialfluß läßt sich bei Bandfertigung der Anordnung entsprechend mittels Weichen, Abwurfeinrichtungen usw. gestalten. Einzelmaßnahmen zur Reduktion von Abstimmungsverlusten müssen auf konstruktive Änderungen des Erzeugnisses, Verbesserungen der Werkzeuge und Vorrichtungen, günstigere Gestaltung der Arbeitsplätze und Beseitigung störender Umwelteinflüsse sowie gegebenenfalls auf den Einsatz qualifizierterer Arbeitskräfte und Betriebsmittel hinzielen (Feinabstimmung).

Auch im Prozeßablauf werden Störungen niemals völlig zu vermeiden sein. Je nach Art des Erzeugnisses und der Produktionsfaktoren wird eine Fließfertigung mehr oder weniger ausfallanfällig sein. Diese Anfälligkeit wird mit zunehmender Zahl hintereinandergeschalteter Arbeitsstationen progressiv zunehmen [s. S. 71 f.]. Deshalb erweist es sich meist als opportun, zwischen einzelnen Erzeugungsabschnitten kapitalbindende und Zinskosten verursachende, aber anderseits Leerkosten infolge mangelnder Materialversorgung vermeidende *Pufferlager* einzufügen. Deren Dimensionierung stellt wiederum ein Abstimmungsproblem dar [vgl. BUSSMANN/MERTENS / L 22, S. 356 ff.]. Anderseits können vielseitig ausgebildete *Springer* bei vorübergehenden Ausfällen von Arbeitskräften an einem Band Stillstände von produktiven Kombinationen, Unterbrechungen des Materialflusses und deren Konsequenzen vermeiden helfen.

Das zweite Ausgleichsproblem ist spezieller Art. Es zielt bei marktorientierter Erzeugung auf eine gegenseitige Abstimmung von gesamtbetrieblicher Kapazität und Erzeugungsvolumen pro Periode hin, wenn das letztgenannte durch einen im Zeitablauf t schwankenden Absatzverlauf beeinflußt wird. Hier erhebt sich die Frage nach der Zweckmäßigkeit und dem Ausmaß einer zeitlichen Synchronisierung der beiden Leistungsreihen eines Industriebetriebes, nämlich der güterwirtschaftlich-technischen Erzeugungsfunktion E und der absatzwirtschaftlich-ökonomischen Leistungsverwertungsfunktion A. Sofern und soweit eine Lagerung der erzeugten Güter nicht technischen, räumlichen oder finanzwirtschaftlichen Restriktionen unterliegt, bietet sich eine Lagerhaltung dazu an, den Interessenausgleich zwischen beiden Leistungsreihen ganz oder teilweise zu bewirken. Durch sie wird es möglich, das Konzept der *Synchronisierung* beider Leistungsreihen aufzugeben [s. auch VI. 2.]. Es zeichnet sich dadurch aus, daß die Kapazität x_{max} unter Berücksichtigung der durchschnittlichen Erzeugungsdauer t_p an sich in der Höhe des Spitzenbedarfes bemessen werden müßte, so daß in den übrigen Zeiten nicht genutzte Kapazitäten und somit Leerkosten auftreten würden [s. Abbildung 37a]. Sie sind zu vermeiden in dem der Synchronisierung polaren Konzept der totalen *Emanzipierung.* Bei ihr sind die Kapazitäten so dimensioniert, daß sie gerade den durchschnittlichen Bedarf eines Erzeugungszyklus zu decken vermögen. Dadurch wird eine Lagerhaltung erforderlich, deren räumliches Volumen an der maximalen Lagermenge im Bezugszeitraum bemessen werden muß. Durch die so begründete Lagerhaltung fallen anstelle der Leerkosten im Erzeugungsbereich nunmehr Lagerhaltungskosten sowie auch Leerkosten im Lagerbereich an [s. Abbildung 37b]. Zwischen beiden polaren Konzepten erstreckt sich ein breites Feld *partieller Emanzipierung* (*Oszillation*) mit unterschiedlichsten Emanzipationsgraden [s. Abbildung 37c]. In ihnen wird in der Regel das Maß optimaler Emanzipierung zu suchen sein, das im allgemeinen durch das Minimum von Leer- und Lagerhaltungskosten bestimmt werden dürfte [vgl. auch SCHWARZ/L 112].

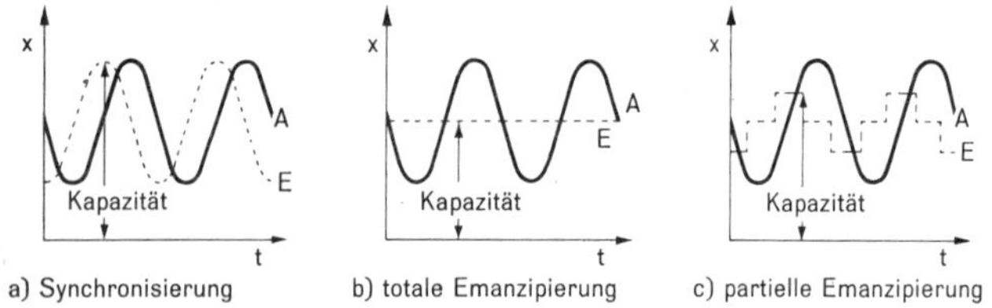

Abbildung 37: Typen einer Abstimmung zwischen Absatz A und Erzeugung E

Das Optimum exakt zu bestimmen, ist bei Mehrprodukterzeugung mit den üblicherweise angewendeten pragmatischen Verfahren, wie beispielsweise den Einrüttelungsverfahren, bei denen teilweise eine zeitliche Vorverlagerung der Erzeugung angestrebt wird, kaum möglich. Eleganter sind dafür wieder operationsanalytische Methoden, wie insbesondere diejenigen der dynamischen Optimierung [vgl. dazu PIESCH/L 95; REICHMANN/L 100 und SEITZ/L 116]. Solche Modelle zur Erzeugungsglättung (production smoothing) sind aber bislang noch immer auf wenige Aktionsparameter beschränkt. Außerdem ist zu beachten, daß es in der Praxis eine Vielzahl weiterer Verhaltensweisen gibt, mit denen Erzeuger den gewünschten Ausgleich wenigstens teilweise herbeiführen können. So bietet sich nicht nur die Lagerhaltung als Aktionsparameter an, sondern auch die Form quantitativer Anpassung, wenn gewisse im Batteriesystem errichtete Betriebsteile (z. B. die Verkokungskammern in Kokereianlagen) vorübergehend stillgelegt und sukzessiv wieder in Betrieb genommen werden [Abbau der intervallfixen Kosten; s. S. 58 f.]. Außerdem können in manchen Branchen *antizyklische Komplementärerzeugnisse* in das Erzeugungsprogramm aufgenommen werden (beispielsweise Ski- und Wasserski), mit denen eine Verbesserung der Kapazitätsauslastung in den Zeiten rückläufiger Nachfrage nach den Primärerzeugnissen zu erzielen ist. Weiterhin ist auf die Möglichkeiten der *Hereinnahme von Lohnarbeiten* zu Zeiten eines Saisontiefs und der *Vergabe von Fremdarbeiten* an andere Betriebe und Heimarbeiter zu verweisen, sofern nicht auch die angesprochenen Partner dem gleichen Saisonrhythmus unterliegen. Schließlich sei auf die Möglichkeit einer breiteren – meist geographischen – *Streuung des Angebots* (zum Beispiel Absatz von Wasserski in der zweiten Jahreshälfte auf der südlichen Hemisphäre) und auf diejenige einer – wohl meist zeitlichen – Preisdifferenzierung hingewiesen [s. auch BRUNNER/L 21].

Die vielseitige Anwendung aller dieser Instrumente spiegelt sich in der Absatzpolitik der Elektrizitätswirtschaft besonders deutlich wider. Mangels Eignung ihres Erzeugnisses zur Lagerhaltung muß sie weitgehend dem Konzept der Synchronisierung folgen. Sie hat sich jedoch gewisse Ausgleichsmöglichkeiten durch die überregionale *Verbundwirtschaft* einerseits und eine vielseitige Preispolitik anderseits geschaffen. So sind bei ihr temporale (für Tag- und Nachtstrom), regionale und personelle Preisdifferenzierungen (für Großabnehmer, Handel, Landwirtschaft, Haushalte, Kleinstabnehmer, Sonderabnehmer) sowie eine Tarifspaltung in Grundpreis zur Deckung der fixen Kosten und in Arbeitspreise als Entgelte für die variablen Kosten anzutreffen. Alle diese Maßnahmen zielen darauf hin, die Relationen zwischen Grund- und Spitzenlast möglichst günstig zu gestalten.

2. Die Fertigungsvorbereitung bei auftragsorientierter Erzeugung

Ist die Leistungserzielungsfunktion von Industriebetrieben auftragsorientiert (open shop type), das heißt, auf die speziellen, sich ständig wandelnden Wünsche der Abnehmer ausgerichtet und gehen deshalb die Bestellungen der Erzeugung meist zeitlich voraus, so werden die Erzeugungsbedingungen und der Rahmen des Erzeugungsprogramms vom vorhandenen Erzeugungspotential her geprägt. Die Einzel- und Kleinserienfertigung, die der absatzorientierten Erzeugung meist adäquat ist, läßt zwar keine so hohe spezielle Vorbereitungsintensität im Hinblick auf das Leistungspotential zu; sie eröffnet damit aber auch die Möglichkeit, dieses entsprechend flexibel zu halten und deshalb mit einem vielseitigen Leistungsangebot aufwarten zu können. Bei einer solchen Form der Marktverbundenheit wandeln sich die Erzeugungsbedingungen im Zeitablauf ständig. Das Prozeßfolgeprinzip ließe sich nur durch fortwährende Umstellungen der produktiven Kombinationen je nach der herrschenden Auftragsstruktur realisieren. Deshalb wird dem Verrichtungsprinzip meist der Vorzug gegeben. Die Werkstattfertigung ist daher der auftragsorientierten Erzeugung als adäquat anzusehen [s. S. 27 f.]. Datum ist hier nunmehr der lokalisierte Faktorbestand nach Art und Menge, und auf ihn sind die Leistungsvorgaben in Form einzelner Aufträge auszurichten.

Zentrales Anliegen solcher vorwiegend kurzfristigen Planung ist es dabei, alle Aufträge von Operationsstufe zu Operationsstufe so durchzuschleusen, daß das Fließprinzip wenigstens auf organisatorischer Ebene in seinen Grundzügen zum Tragen kommt. Daraus resultiert die konkrete Aufgabe, die Liegezeiten der Werkstücke als Differenz von Durchlaufzeit und Summe der Fertigungszeiten [s. S. 95] unter gleichzeitigem Streben nach optimaler Kapazitätsausnutzung in toto zu minimieren. Dieses Dilemma der Ablaufplanung [s. S. 97 f.], das durch die meist inhomogene und sich im Zeitablauf vielfach wandelnde Auftragsstruktur bedingt wird, kennzeichnet das Zentralanliegen der Prozeßgestaltung bei auftragsorientierter Erzeugung.

Die Ablaufplanungen vollzogen sich im Frühstadium der Industrialisierung und vollziehen sich auch heute noch in kleineren Betrieben weitgehend im Hirn einiger, vorwiegend mit technischen Problemen und teilweise ausführenden Aufgaben betrauter Personen wie Meistern und Vorarbeitern. Sobald aber die Leistungs- und Aufgabenstrukturen vielseitiger werden, die Erzeugungsbereiche größere Dimensionen annehmen, deren Aufbau komplizierter und stärker gegliedert wird, deren räumliche Ausdehnung zunimmt, die optische Übersicht dadurch Einbußen erfährt und zusätzlich Kommunikations- und Abstimmungsprobleme zwischen einzelnen Verantwortungsbereichen auftreten, muß eine solche pragmatische Formel der Betriebsführung schon bald an die Grenzen ihrer Wirksamkeit stoßen. Es lag und liegt daher nahe, die Funktion der Ablaufplanung (in verschiedenen Branchen auch als Fertigungsplanung bezeichnet) von den objektbezogenen Arbeiten zu trennen und zu einer speziellen Leitungsfunktion zu verselbständigen.

Durch eine solche Herausbildung eines derivativen Produktionsfaktors »Planung im Erzeugungsbereich« können Produktivitätssteigerungen in mehrfacher Hinsicht erzielt werden. Die die Produktivität steigernden Wirkungen der Arbeitszerlegung wurden schon aufgezeigt [s. S. 77 f.]; hier können sie besonders effizient werden, weil geistige und körperliche Fähigkeiten bei einer Person meist nicht gleichermaßen weit entwickelt und einander auch so wesensfremd sind, daß jede Spezialisierung auf die eine oder die andere Funktion in der Regel zu maßgeblichen Leistungssteigerungen führen wird. Außerdem läßt die Spezialisierung die Anwendung wissenschaftlicher Methoden auf die praktischen Probleme der Ablaufplanung zu. Diesen Sachverhalt sprach F. W. TAYLOR an, als er um die Jahrhundertwende die *wissenschaftliche Betriebsführung* (scientific management) propagierte und mit ihr eine systematische Durchdringung des gesamten Betriebsgeschehens nach wissenschaftlich und praktisch erprobten Methoden forderte [s. auch S. 80]. Heute zählt zu ihnen ein überaus reichhaltiges Planungsinstrumentarium bis hin zu den Methoden des Operations Research [vgl. KERN/L 58].

Das Ideengut von TAYLOR fand seine organisatorische Ausprägung im sogenannten *Funktionsmeistersystem.* Mit diesem System, das in der Lehre über die Aufbauorganisationen als Mehrliniensystem bezeichnet wird, stellte er bewußt den Spezialisierungseffekt über das Prinzip der Einheitlichkeit der Auftragserteilung (FAYOL), das der Einlinienorganisation zugrunde liegt. Im Funktionsmeistersystem nehmen vier Ausführungsmeister (Vorrichtungs-, Geschwindigkeits-, Prüf- und Instandhaltungsmeister) ihr Spezialgebiet jeweils mit gleichen – nur auf ihre Funktion beschränkten – Weisungsbefugnissen gegenüber allen ausführenden Kräften ebenso wahr wie vier weitere Funktionsmeister. Diesen (Arbeitsverteiler, Unterweisungsbeamter, Zeit- und Kostenbeamter, Kontrollbeamter) obliegen die vorwiegend dispositiven Funktionen, die in den meisten Industriebetrieben, insbesondere solchen mit auftragsorientierter Erzeugung, heute auf eine Instanz *Fertigungsvorbereitung* oder *Arbeitsvorbereitung* konzentriert sind. In ihr hat sich die von TAYLOR vorgeschlagene organisatorische Verselbständigung und Institutionalisierung einer Planungs- und Steuerungsfunktion bis in die Gegenwart erhalten. Für eine Stablinienorganisation ist sie an sich systemfremd, doch läßt sie sich als eine Stabsstelle besonderer Art ansprechen, der nicht nur Beratungs-, sondern auch Führungsaufgaben zukommen. Sie besitzt nämlich im allgemeinen direkte Anweisungsbefugnisse an die Erzeugungsstellen, so daß sie sich nicht an den geltenden Instanzenzug einer Organisation, nämlich über die Betriebsleiter und Meister, halten muß.

Die *generelle Funktion* der Fertigungsvorbereitung als einer auf spezielle Teilaufgaben beschränkten Instanz besteht in der Planung und Koordinierung von Erzeugungsprozessen; ihr direktes Weisungsrecht ergibt sich neben anderen, der Fertigungsvorbereitung aufgrund von Zweckmäßigkeitserwägungen ebenfalls zu übertragenden Sekundärfunktionen nur aus der Primärfunktion. Ihre materielle Zielsetzung ist die Schaffung eines dem Formalziel der Unternehmung weitgehend entsprechenden, reibungslosen Erzeugungsablaufs. Aus dieser Aufgabe resultieren wieder *abgeleitete Funktionen*: Aufgrund von Kundenbestellungen, internen Anforderungen und Absatzerwartungen sind unter Bezugnahme auf die Konstruktionszeichnungen mit Stücklisten, auf die Rezepturen, Mischungsanweisungen, Muster usw. [s. S. 37] innerbetriebliche *Aufträge* zu erstellen. Durch Zusammenfassung kleinerer Auftragsmengen und Auflösung größerer sind *Serien* zu bilden, die möglichst der Forderung nach optimalen Losgrößen [s. S. 104 ff.] entsprechen sollen. Im Rahmen der *Arbeitsplanung, Arbeitsfolgeplanung* und *Stückzeitenplanung* sind *Arbeitspläne* zu erstellen. Diese müssen für jede Erzeugnisart (in Listenform) Angaben enthalten über die erforderlichen Arbeitsgänge, über die Arbeitsfolgen und über die für die einzelnen Operationen relevanten Werkstätten und Arbeitsplätze (meist mit Hinweis auf die Lohngruppe) sowie über die notwendigen Rüstzeiten und Einheitszeiten [s. S. 81]. Aufgrund der Arbeitspläne erfolgt die *Kapazitätenbelegungsplanung* (Maschinenbelegungs-, Stellenbesetzungs-, Transportplanung). Die Teilfunktion der *Materialdisposition* leitet hinüber zur Materialplanung und Materialbereitstellung [s. S. 98 ff.]. Gleichermaßen bedingt das Erfordernis termingerechter Verfügbarkeit über die Potentialfaktoren die Funktion der *Werkstattvorbereitung*, sobald die definitive *Terminplanung* für einen Auftrag abgeschlossen ist und dieser Auftrag in Angriff genommen werden kann. Die Auslösung der Auftragsdurchführung erfolgt schließlich durch die *Ausgabe der Arbeitsanweisungen.*

Mit diesen abgeleiteten Funktionen wäre der Aufgabenbereich der Fertigungsplanung an sich weitgehend erfaßt. Opportunitätsaspekte führen aber dazu, daß der Funktionskatalog der Fertigungsvorbereitung über die eigentlichen Vorbereitungsaufgaben hinaus wesentlich weiter ausgelegt wird. Da Planungen nicht allein dem Entwerfen von Ordnungen dienen, sondern diese Ordnungen auch verwirklicht werden sollen, liegt es nahe, die planenden Instanzen in einen ständigen, engen Kontakt mit der Planrealisierung zu bringen. Wenn aber diese Instanzen schon durch Überwachung Informationen über den zeitlichen, quantitativen und qualitativen Produktionsvollzug erlangen, liegt es wiederum nahe, ihnen auch Eingriffsmöglichkeiten in Erzeugungsprozesse zuzugestehen. Dann können sie nämlich bei Planabweichungen baldmöglichst neue Ordnungen entwerfen und realisieren, die der entstandenen Situation am besten gerecht werden. Aus diesen Überlegungen heraus werden der Instanz Fertigungsvorbereitung neben der Fertigungsplanung meist auch die Funktionen *der Fertigungsüberwachung* und *Fertigungssteuerung* übertragen. »Die Arbeitsvorbereitung umfaßt die Gesamtheit aller Maßnahmen einschließlich der Erstellung aller erforderlichen Unterlagen und Betriebsmittel, die durch Planung, Steuerung und Überwachung für die Fertigung von Erzeugnissen ein Minimum an Aufwand gewährleisten« [AWF/L 133, S. 45].

Eine Grenze zwischen Fertigungsplanung und Fertigungssteuerung zu ziehen, erweist sich als keineswegs einfach. Die Deutungen sind in der Literatur auch nicht einheitlich. In Abweichung von der erkenntnistheoretisch an sich nötigen Grenzziehung, wie sie in den Begriffsdefinitionen des Ausschuß für wirtschaftliche Fertigung (AWF) beim Rationalisierungskuratorium der deutschen Wirtschaft (RKW) ihren Niederschlag gefunden hat [AWF/L 133, S. 45 f.], sollen sich die Akzente hier mehr an der Korrekturfähigkeit der Planungsergebnisse orientieren: Die Fertigungsplanung im engeren Sinn wird mehr als generalisierende Rahmenplanung angesehen. Ihre Ergebnisse bedürfen bei Planabweichungen im Erzeugungsprozeß nur höchst selten einer Korrektur. Der Fertigungssteuerung kommen deshalb auch gewisse Planungsfunktionen zu, um sie als Teilinstanz der Fertigungsvorbereitung in die Lage zu versetzen, bei nicht plangemäßem

Verlauf eines Erzeugungsprozesses unmittelbar regulierend einzugreifen. Das kann sich in der Weise vollziehen, daß die Leistungsvorgaben durch zeitliche, intensitätsmäßige oder gar quantitative Anpassungsprozesse doch noch erzwungen oder die detaillierten Leistungsvorgaben rechtzeitig korrigiert werden. Diese Aufgaben prägen beispielsweise auch das Wesen der *Netzplantechnik* als einem speziellen Instrument zur Berechnung und Terminplanung aber auch der Terminsteuerung, insbesondere von Großprojekten.

Bei dieser Betrachtungsweise, die sich schließlich in der organisatorischen Struktur einer jeden größeren Fertigungsvorbereitung zeigt, werden insbesondere die Bereitstellungsfunktion, die Belegungsplanung und die Terminfestlegung nicht der Fertigungsplanung, sondern der Fertigungssteuerung zugeordnet. Der *Fertigungsplanung* obliegt somit primär die Festlegung der erforderlichen Erzeugungsverfahren, die Fixierung der zu beachtenden technologischen Reihenfolgebedingungen, die Bestimmung der einzusetzenden Betriebsmittelarten einschließlich von Werkzeugen, Meßzeugen, Vorrichtungen und Formen, die Erstellung von Arbeitsanweisungen, Arbeitsplänen und Arbeitsfolgeplänen, die Vergabe von Fertigungszeitspannen und die Bedarfsplanung der benötigten Roh-, Hilfs- und Betriebsstoffe sowie Zwischenerzeugnisse. Mit der Fertigungsfreigabe einer Erzeugnisart ist die Fertigungsplanung abgeschlossen. An sie schließt sich die Fertigungssteuerung mit der Bildung von (abgeleiteten) Auftragseinheiten [s. Abbildung 38] an.

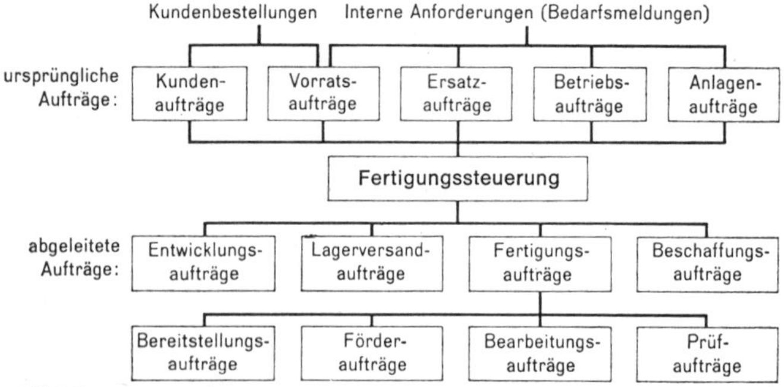

Abbildung 38: Auftragsarten

Die *Fertigungssteuerung* (Fertigungslenkung, Arbeitsführung) hat die noch verbleibenden Spielräume je nach Planungsintensität mit detaillierten Weisungen – insbesondere hinsichtlich der

Einzellosgrößen und der Erzeugungstermine (Beginn, Fertigstellung) – für alle Operationen auszufüllen, sämtliche erforderlichen Arbeitsunterlagen zu erstellen, für die Bereitstellung der Produktionsfaktoren nach Art, Menge und Termin zu sorgen, die Erzeugungsprozesse durch Ausgabe der Auftragsscheine (Arbeitsverteilung) rechtzeitig auszulösen und schließlich, wie bereits erwähnt und ihrer Bezeichnung überhaupt entsprechend, in das Produktionsgeschehen dann regulierend einzugreifen, wenn Störungen und Friktionen den geplanten Ablauf in Frage stellen. In Abbildung 39 werden alle diese Funktionen schematisiert dargestellt; Hilfsfunktionen, wie die Arbeits- und Zeitstudien [s. S. 80 ff.], wurden als nötige Vorstufen der Zeitplanung ebenfalls in

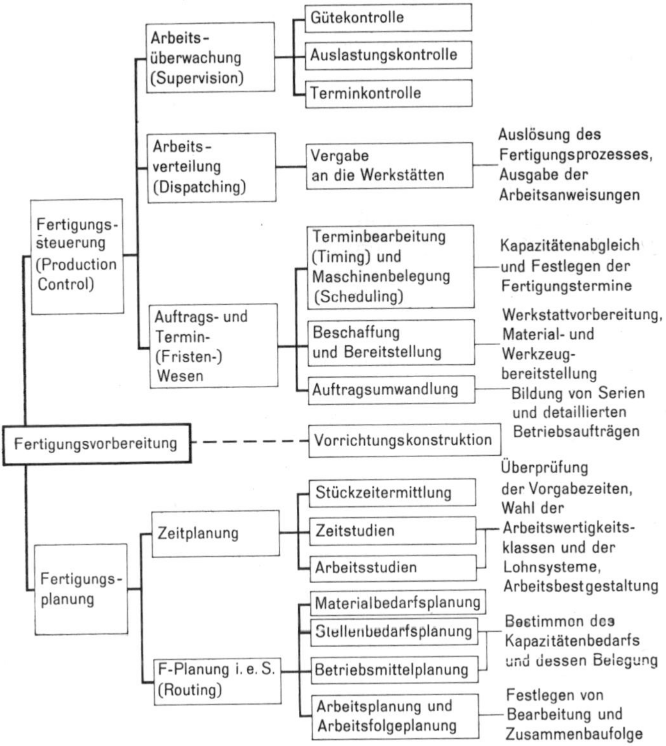

Abbildung 39: Funktionen der Fertigungsvorbereitung

das Schema aufgenommen, Zusatzfunktionen, wie Vorkalkulation, Versand- und Rechnungsvorbereitung, welche einer Fertigungsvorbereitung auch übertragen werden können, weil hier die nötigen Unterlagen anfallen, wurden in Abbildung 39 dagegen nicht erfaßt. Wegen weiterer Details und insbesondere wegen einer Beschreibung der in Fertigungsvorbereitungen auftretenden Spezialprobleme sowie ihrer Lösungsmöglichkeiten sei auf die Literatur verwiesen: BRANKAMP/L 156; ELLINGER/L 30; FROMM/L 34; KERN/L 58; v. KORTZFLEISCH/L 68; MAYNARD/L 80, Bd. VI; MENSCH/L 85; MÜLLER/L 91 und PRISTL/L 96, L 97.

3. Fertigungskontrollen zur Prozeßlenkung

Die Grundlagen für regulierende Eingriffe in Erzeugungsprozesse liefert die *Fertigungsüberwachung* (-kontrolle), die meistens nicht nur als nötige Vorstufe, sondern als integrativer Bestandteil der Fertigungssteuerung angesehen wird. Erst Informationen über Divergenzen zwischen Vorgaben und den ihnen entsprechenden Ist-Größen oder gar Informationen über sich anbahnende Tendenzen auf künftige Abweichungen hin können Überlegungen darüber, ob und in welcher Weise in einen Erzeugungsablauf eingegriffen werden soll, entstehen lassen. Solche Informationen zu gewinnen und rechtzeitig den Steuerungsinstanzen in einer leicht zu begreifenden Form darzulegen, ist Aufgabe der Fertigungsüberwachung. Selbstverständlich müssen die durch sie verursachten Aufwendungen durch die zu gewinnenden Erkenntnisse über *Schwachstellen* (Verlustquellen) gerechtfertigt werden; mit anderen Worten soll auch jede Überwachungsstelle im Hinblick auf die übergeordnete betriebliche Zielsetzung wirtschaftlich arbeiten.

Überwachungsobjekte sind in industriellen Erzeugungsprozessen die für die Fertigungssteuerung besonders relevanten Termine unter der gleichzeitigen Bedingung, daß die unfertigen und/oder fertigen Erzeugnisse jeweils in der geforderten Güte und in den aufgegebenen Mengen zu den gesetzten Terminen fertiggestellt werden. Darüber hinaus müssen auch die Potentialfaktoren Betriebsmittel und menschliche Arbeitskräfte oder genauer ihre Auslastungen zwecks Aufschluß über Ursachen von Leerkosten Gegenstand der Fertigungsüberwachung sein. Die Kontrolle der Qualitäten von Leistungsergebnissen verursacht sowohl technisch als auch methodisch spezielle Überwachungsprobleme, so daß sich die Qualitätskontrolle zu einem gesonderten Bereich neben der Quantitäts- und Terminkontrolle entwikkelt hat. Schließlich sind auch noch die Bestandskontrollen an Vorräten und Erzeugnissen durch Lagerbuchführung und/oder Inventuren und die Kostenüberwachung mit Hilfe der Betriebsabrechnung und in Verbindung mit einer eventuell eingeführten Plankostenrechnung zu nennen. Je nach Überwachungsobjekt und gewünschtem Informationsumfang können Kontrollen nachträglich (beispielsweise mit der Kostenrechnung für eine zurückliegende Periode) oder begleitend (etwa durch Prozeßschreiber), permanent (wie bei Funktionskontrollen) oder sporadisch (zum Beispiel bei Schöpfproben), unmittelbar (wie bei Abmessungskontrollen an Werkstücken) oder mittelbar (beispielsweise über die Energiekosten für Energieverbrauchsmengen), nur konstatierend (wie bei Anwesenheitskontrollen) oder prophylaktisch wirksam (etwa bei Feststellungen von Verzögerungen im Auftragsfortschritt zwecks rechtzeitiger Umdispositionen) ausgeführt werden.

Die *Terminüberwachung* (-kontrolle, -führung) zielt auf die Einhaltung der verschiedenen Termine hin, die für einen Auftrag während seines Durchlaufs durch den Erzeugungsbereich gelten. Genannt seien nur die Bereitstellungstermine, Anfangs- und Fertigstellungstermine für jeden einzelnen Arbeitsgang. Bei grober Terminführung reichen meist Angaben über die Wochen aus, in denen das Ereignis (Beginn oder Ende) eintreten soll. Feinere Terminführungen verwenden dagegen Tage oder Stunden als Maßstabsgrößen. Hilfsmittel der Terminüberwachung sind meist Terminkarteien mit je einer Terminkarte für jeden Auftrag oder Dispositionstafeln mit Falttaschen, in denen entlang einer Terminleiste je nach zuständiger Faktorkombination die Terminkarten eingestellt werden können. Entsprechend den Gantt'schen Planungstafeln [s. Abbildung 34 a auf S. 97] lassen sich mit diesen dann die Solltermine und mit weiteren Karten auch die Istzustände der Erzeugung markieren. Die Terminführung obliegt in »archaischen« Kontrollsystemen mit meist mangelndem Überblick über die Auftragsbestände sogenannten Terminjägern. Ihre Aufgabe besteht darin, Auftragsrückstände an den Arbeitsplätzen aufzuspüren und deren Fertigstellung – meist ohne Rücksicht auf andere vorliegende Aufträge – mit allem Nachdruck so bald als möglich herbeizuführen. Bei weiterentwickelten Systemen der Terminüberwachung werden solche Aktionen dagegen überflüssig, weil der Fertigungsleitstand aufgrund seiner Organisation und ständigen Kontakte mit den Arbeitsstellen (durch Boten, Signalleitungen oder Fernsprechverbindungen) jederzeit über die Fortschritte aller Aufträge an allen Arbeitsplätzen informiert ist oder zumindest informiert sein sollte.

Die gleichen Aufschlüsse vermitteln bei noch stärker automatisierten Leitständen, den *Fertigungszentralen*, Zählwerke für Mengen und Zeiten, Summierungszähler und Linearzählfelder. Ihre Einstellung bewirken Schwachstromimpulse, welche von selbsttätig wirkenden Impulsgebern hervorgerufen werden, die unmittelbar an den zu überwachenden Maschinen installiert sind [vgl. KORTE/L 67]. Im Idealfall wäre jeder Arbeitsplatz mit einer solchen Zentrale über Leitungen für den retrograden und gleichzeitig auch progressiven Informationsfluß verbunden, damit bei jeder Störung oder Verzögerung sofort die entsprechenden Abhilfemaßnahmen und/oder Umdispositionen für die nachfolgenden Arbeitsgänge und die dadurch beeinträchtigten anderen Aufträge ergriffen werden können. In total automatisierten Systemen (z. B. bei Walzstraßen) werden heute schon die zu ergreifenden Maßnahmen (z. B. Änderungen der Walzeneinstellungen) vielfach von *Prozeßrechnern* entschieden, welche die Informationen des retrograden Informationsflusses direkt empfangen, verarbeiten und ihrerseits sofort die progressiven Informationsflüsse wieder auslösen.

Während die auftragsbezogene Terminüberwachung vorwiegend der Vermeidung von Liegezeiten bei den Werkstoffen und unfertigen Erzeugnissen dient, bezweckt die kapazitätsbezogene *Auslastungsüberwachung* das Ziel einer weitgehenden Erforschung der Ursachen, die zu Stillständen der produktiven Kombinationen und damit zu Leerkosten geführt haben. Solche Kontrollanliegen werden wegen ihrer geringeren Dringlichkeit bei der Auftragsabwicklung weitaus weniger als die erstgenannten Überwachungsformen praktiziert, obwohl auch auf diesem Sektor vielfach Informationen mit erheblicher Bedeutung zu gewinnen sind. Primitive Formen der Auslastungsüberwachung beschränken sich auf eine periodische (monatliche) Aufzeichnung der tatsächlichen Belegungszeiten pro Werkstatt oder auch pro Betriebsmittel. Dabei werden diese Zeiten mit den maximalen Zeiten ihrer Einsatzfähigkeit – als Ausdruck für deren Kapazität – verglichen. Bei weiterentwickelten Formen der Auslastungsüberwachung werden in Verbindung mit den zuvor erwähnten Impulsgebern durch *Diagrammschreiber* in permanenter Aufnahme Protokolle erstellt, die den gleichen Aufbau (Balkendiagrammform für Zeiten der Auslastung über eine Zeitachse) besitzen wie die Gantt'schen Belegungsdiagramme. Hier kennzeichnen sie jedoch die Zeiten tatsächlicher Auslastung (Balken) und solche der Nichtauslastung (keine Markierung). Den Zeiten der Nichtauslastung sollen grundsätzlich Symbole zugeordnet werden, die von Störungsursachenmeldern an den Arbeitsplätzen einem Druckwerk im Diagrammschreiber zugeleitet werden können. Dabei bedeuten beispielsweise die Ziffern 1 = Werkzeugwechsel, 2 = mechanische Reparatur, 3 = elektrische Reparatur, 4 = Abschmieren, 5 = Warten auf Material, 6 = Holen von Betriebsstoffen, 7 = Rücksprachen, 8 = Säubern der Maschinen, 9 = Schichtende, 0 = Sonstiges. Mit ihrer Hilfe wäre eine auf eine Verminderung der Stillstandsursachen ausgerichtete Auswertung solcher Maschinenauslastungsdiagramme jederzeit und auch nachträglich generell sowie auch nur bei Bedarf möglich [vgl. KORTE/L 67, S. 61 ff. und S. 83 ff.].

Die *Qualitätsüberwachung* ist vorwiegend ein erzeugungstechnisches Anliegen, da mit ihr Mängel in den Erzeugniseigenschaften festgestellt werden sollen. Trotzdem impliziert auch sie ökonomische Probleme, sobald statt (totaler) Kontrollen aller Erzeugniseinheiten repräsentative Qualitätsfeststellungen genügen und der Prüfaufwand dadurch – erheblich – reduziert werden kann. Es ist dann nur das Ausmaß der statistischen Stichprobenentnahmen zu bestimmen, bei dem die gewünschte Repräsentanz der Stichproben gerade noch gewährleistet wird. Die *Partie- und Chargenkontrolle* beschränkt sich dann auf reine Attributsprüfungen (gut oder schlecht), wie zum Beispiel bei der Prüfung, ob ein Wellendurchmesser im geforderten Toleranzfeld liegt oder nicht. Da sich bei diesem Kontrollverfahren Korrekturen eines Erzeugungprozesses nur nach dessen Abschluß aufgrund der Prüfungsergebnisse vornehmen lassen, dann aber zu spät erfolgen, kann diese indirekte statistische Qualitätsregelung nur Anlaß zu Ermahnungen hinsichtlich künftiger Auftragsdurchführungen sein und Informationen für die Abnahme oder Ablehnung einer Lieferung (Serie usw.) geben. Das aufwendigere *Kontrolldiagrammverfahren* (fortschreitende Reihenkontrolle) setzt dagegen exakte Messungen an den Einheiten der laufend dem Erzeugungsprozeß zu entnehmenden Stichproben voraus. Die Ergebnisse dieser direkten statistischen Qualitätsregelung zielen auf ein Erkennen von Trends bei den Meßwerten hin. Regelnde Eingriffe in die Erzeugungsprozesse können deshalb häufig schon möglich werden, bevor überhaupt oder bevor in nennenswertem Umfang Ausschuß entsteht. Zu diesem Kontrollverfahren liegt eine umfangreiche Spezialliteratur vor; hier sei nur verwiesen auf KERN/L 143; MENTHA/L 86; STRAUCH/L 118, L 153 und UHLMANN/L 174.

Die *Kostenrechnung* (Betriebsabrechnung) als eine periodenbezogene und somit nachträgliche Überwachungsmethode gehört nicht mehr unmittelbar zum Bereich der Erzeugungswirtschaft. Ihr Zahlenwerk spiegelt aber in Kostengrößen den Erzeugungsprozeß teilweise wider. Sie vermag daher – wenn auch meist mit Verspätung – weitere Informationen über die Produktivität der Erzeugungsvorgänge zu liefern. Voraussetzung dazu sollte allerdings sein, daß den ausgewiesenen Istkosten Plan- und Sollkosten gegenübergestellt werden können. Nur aus Vergleichen zwischen ihnen sind nämlich verwertbare Aufschlüsse in Form von Preis-, Beschäftigungs- und Verbrauchsabweichungen zu gewinnen. Außerdem sollten solche Abweichungsanalysen so weit als möglich differenziert nach Kostenarten und nach Kostenstellen sowie gegebenenfalls gar nach Kostenplätzen erfolgen. Die Kostenstellenrechnung – in der Regel mit Hilfe des Betriebsabrechnungsbogens – soll den geplanten und den tatsächlich eingetretenen bewerteten Güterverzehr in einer gewissen Analogie zur Matrix der Verbrauchsfunktionen [s. Abbildung 16 auf S. 53] angeben und Auskunft über die Produktivitäten der Erzeugungsstellen [s. S. 17], das heißt, über das Ausmaß der Erreichung des erzeugungswirtschaftlichen Optimums erteilen. Die Kostenstellenleiter können dadurch angehalten werden, von ihnen zu vertretende Kostenabweichungen auf das jeweils gerade noch akzeptable Mindestmaß zu reduzieren. Da die nicht leistungsabhängigen fixen Kosten im allgemeinen von den Kostenstellenleitern nicht zu vertreten sind, kann jede auf Überwachung von Erzeugungsprozessen ausgerichtete Kostenstellenrechnung eine Teilkostenrechnung sein. Sie vermag sich auf die Verrechnung der proportionalen Kosten zu beschränken und vermeidet dabei das Problem einer Zurechnung eventuell nicht zurechnungsfähiger fixer Kosten des Gesamtbetriebes.

In engem Zusammenhang mit dem Rechnungswesen ist noch die *Bestandskontrolle* derjenigen Güter zu nennen, die als Roh-, Hilfs- und Betriebsstoffe oder als unfertige oder fertige Erzeugnisse Vorratsvermögen darstellen, sich aber schon oder noch im Erzeugungsbereich befinden und deshalb auch meist dessen Verantwortung unterstehen werden. Die Bestandskontrolle ist darum vielfach von dem Personal des Erzeugungsbereichs wahrzunehmen und zwar sowohl bei Stichtagsinventuren als auch bei laufenden Inventuren. Dabei können Totalerhebungen oder statistische Quantitätskontrollen angewendet werden. Ein gleiches gilt auch für die Bestandsführung von stationären und erst recht von beweglichen Betriebsmitteln wie Werkzeugen und Fertigungshilfsmitteln. Diese Aufgaben stellen aber nur noch Zusatzfunktionen für den Erzeugungsbereich dar. Im allgemeinen vermitteln sie ihm keine oder nur höchst beschränkte Informationswerte. Sie dienen aber wohl der Komplementärfunktion Rechnungslegung (Bilanzierung), welche dem gesamten Unternehmungsbereich zu eigen ist. Mit ihr werden schließlich die Aussagen über die gesamtbetriebliche einzelwirtschaftliche Wirtschaftlichkeit, die Ökonomität, als Relation und über den Unternehmungserfolg als Spanne gewonnen [s. S. 17 f.].

VIII. Ausblick: Industrielle Erzeugung als ein kybernetisches System

Da alle Kontrollverfahren nicht nur Unzulänglichkeiten, Mißstände, Fehlarbeiten, überhaupt Ergebnisse, aufdecken und konstatieren, sondern darüber hinaus auch Informationen für künftiges Verhalten liefern sollen, lösen sie retrograde Informationsstöme hin zu denjenigen Instanzen aus, welche die Erzeugungsprozesse planen und organisieren. Diese werden dadurch gegebenenfalls veranlaßt, (korrigierende) progressive Informationsflüsse auszulösen, um die Prozesse bis zu ihrer Zielerreichung in Gang zu halten. In einer Gesamtschau eines Erzeugungsbetriebs besteht offensichtlich ein *Regelkreis*. In ihm empfängt der engere Erzeugungsbereich als *Regelstrecke* seine Anweisungen als *Regelgrößen* von der Fertigungssteuerung. Diese erhält wiederum ihre Anweisungen als *Führungsgrößen* (Sollwerte) von der Fertigungsplanung. *Störgrößen* unterschiedlichster Art (Maschinenausfälle, Erkrankungen und Leistungsgradschwankungen des Personals, Materialfehler, Planungsmängel und anderes mehr) verursachen Abweichungen der erzielten Istergebnisse des Erzeugungsbereichs von den ihm vorgegebenen Sollgrößen. An einem Meßort oder auch mehreren Kontrollstellen erfolgen diese Soll-Ist-Vergleiche. Ihre Ergebnisse sollen die Fertigungssteuerung in ihrer Eigenschaft als Regler veranlassen, im Bedarfsfall – und zwar möglichst umgehend – durch Herausgabe von Anweisungen (Regelgrößen) an den Erzeugungsbereich regelnd tätig zu werden. Die Abbildung 40 zeigt die einfachste Form eines solchen Regelkreises. Durch eine Vermehrung der Meßorte und Stellorte zwischen den einzelnen Operationsstufen [s. Abbildung 41] lassen sich mehrere Regelkreise bilden, wodurch die Reaktionsfähigkeit solcher kybernetischen Systeme erhöht werden kann, die Funktion des Reglers aber zentralisiert bei der Instanz Fertigungssteuerung verbleibt.

Kybernetik ist die Theorie der Aufnahme, Verarbeitung und raumzeitlichen Übertragung von Informationen und – unter Berücksichtigung der praktischen Nutzanwendung ihrer Erkenntnisse – auch die Lehre vom Erfassen und Beeinflussen beliebiger (biologischer, soziologischer, technischer, betrieblicher und ähnlicher) Systeme auf der Grundlage von Informationen. Insofern

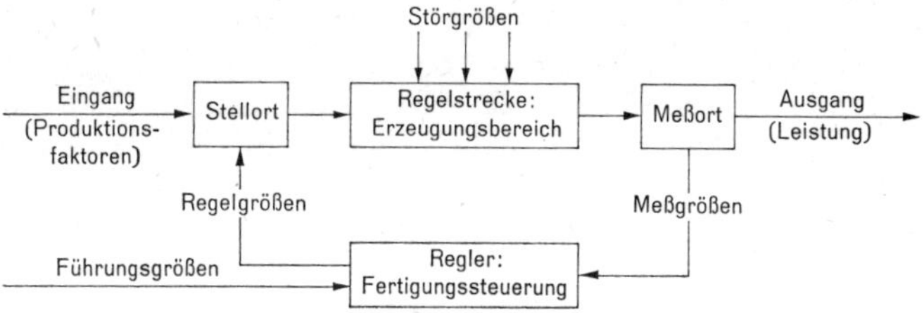

Abbildung 40: Grundstruktur des Regelkreises »Fertigungssteuerung«

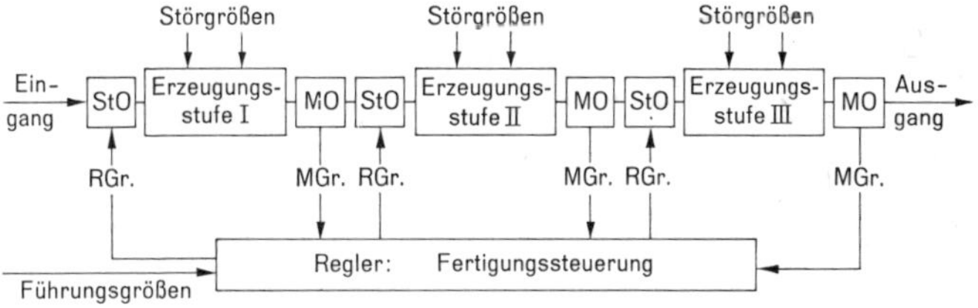

Abbildung 41: Erweiterte Regelkreise einer Fertigungssteuerung

kann sie auch der Ausbildung reagibler Systeme dienen, deren Wirken sich wie alles betriebliche Geschehen am Rationalprinzip [s. S. 14] zu orientieren hat. Mit dieser Strukturierungsaufgabe werden die Probleme der Schaffung nötiger und der Beseitigung nicht unbedingt erforderlicher Informationskanäle, Meßorte und Stellorte angesprochen. Dabei ist dem Aspekt der Reaktionsgeschwindigkeit und Trägheit des Reglers ebenso Rechnung zu tragen wie der Störanfälligkeit der Regelstrecke sowie der Häufigkeit, der Stärke und der Art der Störungen. Sind die Störeinflüsse in ihrer Wirksamkeit gering und/oder ist die Trägheit des Reglers groß, so werden gröbere Formen der Informationsaufnahme, -übertragung und -verarbeitung genügen, wie beispielsweise eine periodische Kostenstellenrechnung. Andernfalls bieten sich zahlreiche Durchbildungsstufen industrieller Fertigungssteuerung an [vgl. KERN/L 144] bis hin zu den aufwendigeren, weitgehend automatisierten Fertigungszentralen und Prozeßrechnern [s. S. 120]. Bei ihnen werden Reaktionszeiten angestrebt, die möglichst keinerlei Verzugszeiten mehr enthalten. Solche treten beispielsweise auf für Warten auf Informationsverarbeitung, Nachdenken, Probieren, Belegausfertigung und Belegweitergabe.

Die Funktion der Fertigungssteuerung ist bei Einbau von *Rückkopplungen* aufgrund von Kontrollen insofern umfassender, als es in ihrer Bezeichnung zum Ausdruck kommt. *Steuern* ist nämlich nur ein »Vorgang in einem System, bei dem eine oder mehrere Größen als Eingangsgrößen andere Größen als Ausgangsgrößen auf Grund der dem System eigentümlichen Gesetzmäßigkeit beeinflussen. Kennzeichen für das Steuern ist der offene Wirkungsablauf ...« (DIN 19226); Steuern erfaßt nur den progressiven Informationsfluß. *Regeln* ist dagegen »ein Vorgang, bei dem eine Größe, die zu regelnde Größe (Regelgröße), fortlaufend erfaßt, mit einer anderen Größe, der Führungsgröße, verglichen und abhängig vom Ergebnis dieses Vergleichs im Sinne einer Angleichung an die Führungsgröße beeinflußt wird. Der sich dabei ergebende Wirkungsablauf findet in einem geschlossenen Kreis, dem Regelkreis, statt« (DIN 19226). Mit dem Sachverhalt des Regelns wird folglich im Gegensatz zum Steuern jeweils auch das feed back in den unterschiedlichsten Ausprägungsformen erfaßt. Diese Tatsache rechtfertigt aber noch keine Umbenennung der Fertigungssteuerung, weil in allzuvielen Industriebetrieben noch auf Rückkopplungen, und sei es nur aufgrund einer auszuwertenden Kostenstellenrechnung, weitgehend verzichtet wird und der Fertigungssteuerung dann wirklich nur die Steuerungsfunktion zukommt.

Neben dem hier skizzierten Regelkreis der Fertigungssteuerung mit seinen Ausbauformen, innerhalb dessen dispositive Entscheidungen meist routinemäßig aufgrund genereller Maximen ausgelöst werden, lassen sich in Industriebetrieben noch weitere, übergeordnete Regelkreise einrichten. So lassen sich beispielsweise bei zwei Kreisen die Stellorte in den Bereich der Fertigungsplanung vorverlegen und deren Meßorte einmal vor dem Stellort der Fertigungssteuerung und zum anderen hinter dem Erzeugungsbereich anordnen. Der zuerst angedeutete Regelkreis erfaßt die Anweisungen der Fertigungsplanung an die Fertigungssteuerung und eine unmittelbare Rückkopplung für alle jene Fälle, in denen die Realisierung der Planvorgaben bereits im vorhinein von der Fertigungssteuerung als unmöglich oder fraglich erkannt wird. Das wäre zum Beispiel der Fall, wenn die Arbeitsunterlagen unvollständig sein sollten oder wenn sich das konstruktive Konzept technologisch nicht oder nicht hinreichend wirtschaftlich (beispielsweise bei Nichtverwendung von Normteilen) ausführen läßt. Rückmeldungen in diesem Regelkreis bedingen meistens Umplanungen und kasuelle Entscheidungen im Bereich der Fertigungsplanung. Ein gleiches gilt auch für den zweiten übergeordneten Regelkreis. Gewisse Störungen im Erzeugungsprozeß rufen Abweichungen der Istgrößen von den Sollgrößen hervor, die nicht nur dispositiv zu beheben sind. Das wäre unter anderem der Fall beim Einschleusen von Eilaufträgen in den Betrieb und bei Änderungen von Kundenbestellungen (zum Beispiel hinsichtlich der Erzeugnisausstattung). Hinzu kommen längerfristige Personalausfälle, wie bei Erkrankungen und Unfällen, ferner Störungen und Ausfälle bei Maschinen und Förderanlagen sowie Materialmangel. Solche und noch andere Ursachen können zur Folge haben, daß ursprünglich erstellte Pläne nicht einzuhalten sind und bei einem elastischen Planungssystem Plankorrekturen nötig werden. Es ist dann Aufgabe der Kontrollstellen (Meßorte) oder auch der von ihnen informierten Fertigungssteuerung zu entscheiden, ob das feed back zur Fertigungsplanung hin wirksam werden soll oder gar muß.

In logischer Weiterführung der auf Herausbildung übergeordneter Regelkreise ausgerichteten Erwägungen lassen sich schließlich auch alle anderen Informationsströme, die für industriebetriebliche Leistungserstellungen erforderlich oder auch nur zweckmäßig sind, mit Hilfe der Kybernetik abbilden und gestalten. Überlegungen dieser Art führen hin bis zur Einbettung des Betriebes in seine »marktliche« Umwelt; hier sind es wieder mehrere Regelkreise, die in dem Gestaltungskalkül ihren Niederschlag finden müssen [vgl. auch HABERFELLNER/RUTZ/L 161 und HAHN/L 162]. Wie das stark vereinfachte Modell der Abbildung 42 zeigt, sind die innerbetrieblichen Informationskanäle – und das gilt für jeden Industriebetrieb, dessen Erzeugungsfunktion wohl eine seiner wichtigsten Aufgaben, aber nicht dessen einzige darstellt – um außerbetriebliche Informationsströme zu ergänzen, in denen sich die Marktverflechtungen aufgrund der Absatzfunktion widerspiegeln. Sie ist der Ursprung und die Folge der Erzeugungsfunktion industrieller Betriebswirtschaften.

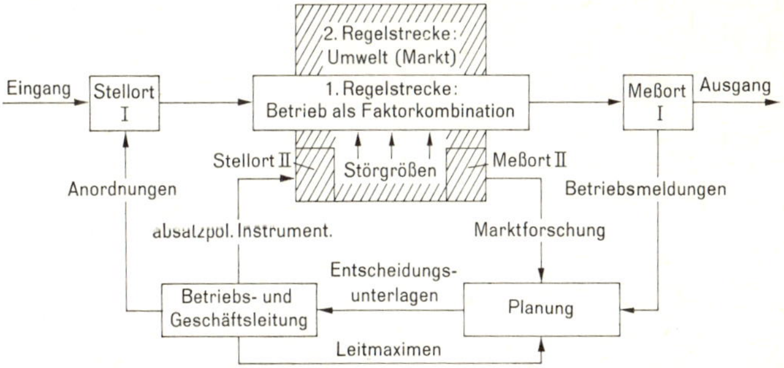

Abbildung 42: Grundstruktur gesamtbetrieblicher Regelkreise

Literaturverzeichnis

a) Buchveröffentlichungen

L 1 Abromeit, G., Erzeugnisplanung und Produktionsprogramm, Wiesbaden 1955

L 2 Adam, D., Produktionsplanung bei Sortenfertigung, Wiesbaden 1969

L 3 Agthe, K., Schnaufer, E. (Hrsg.), Unternehmensplanung, Baden-Baden 1963

L 4 Agthe, K., Blohm, H., Schnaufer, E. (Hrsg.), Industrielle Produktion, Baden-Baden – Bad Homburg vor der Höhe 1967

L 5 Albach, H., Investition und Liquidität, Wiesbaden 1962

L 6 Ansoff, H. I., Management-Strategie (deutsche Übers.), München 1966

L 7 Arnold, H., Borchert, H., Lange, A., Schmidt, J., Der Produktionsprozeß im Industriebetrieb, 2. Aufl., Berlin 1968

L 8 Autorenkollektiv (Grundmann, W. u. a.), Mathematische Methoden zur Standortbestimmung, Berlin 1968

L 9 Baier, P., Wertgestaltung, München 1969

L 10 Bartels, G., Diversifizierung, Stuttgart 1966

L 11 Baur, W., Neue Wege der betrieblichen Planung, Berlin-Heidelberg-New York 1967

L 12 Behrens, Chr., Allgemeine Standortbestimmungslehre, Köln-Opladen 1961

L 13 Beste, Th., Kohlitz, A., Grundlagen der Typenbeschränkung und Normung, Dortmund (1956)

L 14 Blake, St. P., Forschung, Entwicklung und Management, (deusche Übers.), München-Wien 1969

L 15 Böhrs, H., Leistungslohn, Wiesbaden 1959

L 16 Böhrs, H., Organisation des Industriebetriebes, Wiesbaden 1963

L 17 Bohr, K., Zur Produktionstheorie der Mehrproduktunternehmung, Köln-Opladen 1967

L 18 Borowski, K. H., Das Baukastensystem in der Technik, Berlin-Göttingen-Heidelberg 1961

L 19 Borschberg, E., Die Diversifikation als Wachstumsform der industriellen Unternehmung, Bern-Stuttgart 1969

L 20 Bruggmann, M., Betriebswirtschaftliche Probleme der industriellen Forschung, Winterthur 1957

L 21 Brunner, M., Planung in Saisonunternehmungen, Köln-Opladen 1962

L 22 Bussmann, K. F., Mertens, P. (Hrsg.), Operations Research und Datenverarbeitung bei der Produktionsplanung, Stuttgart 1968

L 23 BUSSMANN, K. F., MERTENS, P. (Hrsg.), Operations Research und Datenverarbeitung bei der Instandhaltungsplanung, Stuttgart 1969

L 24 CHMIELEWICZ, K., Grundlagen der industriellen Produktgestaltung, Berlin 1968

L 25 CHORAFAS, D. N., Die Aufgaben der Forschung in der modernen Unternehmung (deutsche Übers.), Wien-München 1963

L 26 CLAR, P., Die Kapazitätsausnutzung in der Industrieunternehmung, Berlin 1964

L 27 COLLINSON, H. A., Industrielle Forschung und Entwicklung richtig organisieren (deutsche Übers.), München 1966

L 28 DINKELBACH, W., Zum Problem der Produktionsplanung in Ein- und Mehrproduktunternehmen, Würzburg-Wien 1964

L 29 ELLER, H.-H., Grundprobleme der betriebswirtschaftlichen Kostenlehre, Berlin 1968

L 30 ELLINGER, Th., Ablaufplanung, Stuttgart 1959

L 31 FACKELMEYER, A., Materialfluß, Planung und Gestaltung, Düsseldorf 1966

L 32 FÖRSTNER, K., HENN, R., Dynamische Produktionstheorie und lineare Programmierung, Meisenheim/Glan 1957

L 33 FREUDENMANN, H., Planung neuer Produkte, Stuttgart 1965

L 34 FROMM, H., Arbeitsvorbereitung, Produktionsplanung, Fertigungssteuerung, 2. Aufl., München 1970

L 35 FUNKE, H., BLOHM, H., Allgemeine Grundzüge des Industriebetriebes, 2. Aufl., Essen 1969

L 36 GERTH, E., Die Bedeutung des Verbrauchsnutzens für den Absatz, Berlin 1965

L 37 GÖLDNER, J., Aufbauorganisation in der industriellen Lagerwirtschaft, Berlin 1960

L 38 GÖLDNER, J., Ablauforganisation in der industriellen Lagerwirtschaft, Berlin 1964

L 39 GROCHLA, E., Grundlagen der Materialwirtschaft, 2. Aufl., Wiesbaden 1973

L 40 GROCHLA, E., Automation und Organisation, Wiesbaden 1966

L 41 GROSCHE, K., Das Produktionsprogramm, seine Änderungen und Ergänzungen, Berlin 1967

L 42 GUTENBERG, E., Einführung in die Betriebswirtschaftslehre, Wiesbaden 1958

L 43 GUTENBERG, E., Grundlagen der Betriebswirtschaftslehre, Bd. I: Die Produktion, 20. Aufl., Berlin-Göttingen-Heidelberg 1973

L 44 GUTENBERG, E., Grundlagen der Betriebswirtschaftslehre, Bd. II: Der Absatz, 14. Aufl., Berlin-Göttingen-Heidelberg 1973

L 45 HAKE, B., Die Suche und Auswahl neuer Produkte, München 1966

L 46 HEINEN, E., Betriebswirtschaftliche Kostenlehre, Bd. I, 3. Aufl., Wiesbaden 1970
L 47 HEINER, H.-A., Die Rationalisierung des Förderwesens in Industriebetrieben, Berlin 1961
L 48 HENNIG, K. W., Betriebswirtschaftslehre der industriellen Erzeugung, 5. Aufl., Wiesbaden 1969
L 49 HENZEL, F., Lagerwirtschaft, Essen 1950
L 50 HENZEL, F., Kosten und Leistung, 4. Aufl., Essen 1967
L 51 HOSS, K., Fertigungsablaufplanung mittels operationsanalytischer Methoden, Würzburg-Wien 1965
L 52 HÜTTE, Taschenbuch für Betriebsingenieure, 6. Aufl., Bd. III: Fertigungsbetrieb, Berlin-München 1965
L 53 JACOB, H., Neuere Entwicklungen in der Investitionsrechnung, Wiesbaden 1964
L 54 JACOB, H., Zur Standortwahl der Unternehmungen, Wiesbaden 1967
L 55 KÄFER, K., Investitionsrechnungen, Zürich 1964
L 56 KALVERAM, W., Industriebetriebslehre, 7. Aufl., Wiesbaden 1960
L 57 KERN, W., Die Messung industrieller Fertigungskapazitäten und ihrer Ausnutzung, Köln und Opladen 1962
L 58 KERN, W., Optimierungsverfahren in der Ablauforganisation, Essen 1967
L 59 KERN, W., Operations Research, 5. Aufl., Stuttgart 1974
L 60 KESSELRING, F., Technische Kompositionslehre, Berlin-Göttingen-Heidelberg 1954
L 61 KIEHNE, R., Innerbetriebliche Standortplanung und Raumzuordnung, Wiesbaden 1969
L 62 KILGER, W., Produktions- und Kostentheorie, Wiesbaden 1958
L 63 KLEIN, M., Einführung in die DIN-Normen, 5. Aufl., Stuttgart 1965
L 64 KLOOCK, J., Betriebswirtschaftliche Input-Output-Modelle, Wiesbaden 1969
L 65 KOCH, H., Grundprobleme der Kostenrechnung, Köln-Opladen 1966
L 66 KÖHLER, D., Organisation der innerbetrieblichen Materialbewegung, Berlin 1959
L 67 KORTE, G., Fertigungszentralen, Hamburg 1965
L 68 KORTZFLEISCH, G. von, Betriebswirtschaftliche Arbeitsvorbereitung, Berlin 1962
L 69 KOSIOL, E., Leistungsgerechte Entlohnung, 2. Aufl., Wiesbaden 1959
L 70 KOSIOL, E., Einführung in die Betriebswirtschaftslehre, Wiesbaden 1968
L 71 KOTTHAUS, H., Betriebstechnisches Taschenbuch, Bd. 2: Die Fertigung, 7. Aufl., München 1967
L 72 KOURIM, G., Wertanalyse, München-Wien 1968
L 73 KRELLE, W., Produktionstheorie, Tübingen 1969

L 74 KRIPPENDORFF, H., Integrierter Materialfluß, München 1965
L 75 KROEBER-RIEL, W., Beschaffung und Lagerung, Wiesbaden 1966
L 76 LASSMANN, G., Die Produktionsfunktion und ihre Bedeutung für die betriebswirtschaftliche Kostentheorie, Köln-Opladen 1958
L 77 LÜCKE, W., Produktions- und Kostentheorie, Würzburg-Wien 1969
L 78 LUDWIG, H., Die Größendegression der technischen Produktionsmittel, Köln-Opladen 1962
L 79 MASSÉ, P., Investitionskriterien – Probleme der Investitionsplanung (deutsche Übers.), München 1968
L 80 MAYNARD, H. B. (Hrsg.), Handbuch des Industrial Engineering (deutsche Übers.), Bd. I–IX, Berlin-Köln-Frankfurt/M. o. J. (1963)
L 81 MELLEROWICZ, K., Kosten- und Kostenrechnung, Bd. I, 4. Aufl., Berlin 1963
L 82 MELLEROWICZ, K., Forschungs- ud Entwicklungstätigkeit als betriebswirtschaftliches Problem, Freiburg/Brsg. 1958
L 83 MELLEROWICZ, K., Betriebswirtschaftslehre der Industrie, 6. Aufl., Bd. I, Freiburg 1968
L 84 MELLEROWICZ, K., Betriebswirtschaftslehre der Industrie, 6. Aufl., Bd. II, Freiburg 1968
L 85 MENSCH, G., Ablaufplanung, Köln-Opladen 1968
L 86 MENTHA, G., Statistische Fabrikationsüberwachung in der Industrie (deutsche Übers.), Wiesbaden 1958
L 87 MILES, L. D., Value engineering (deutsche Übers.), München 1964
L 88 MOEDE, W., Betriebliche Arbeitswissenschaft, Essen 1954
L 89 MOORE, F. G., WELTI, O., Produktionssteuerung – Produktionskontrolle, München 1967
L 90 MOXTER, A., SCHNEIDER, D., WITTMANN, W. (Hrsg.), Produktionstheorie und Produktionsplanung, Köln und Opladen 1966
L 91 MÜLLER, G., Technologische Fertigungsvorbereitung, 3. Aufl., Berlin 1966
L 92 ORTH, H. F., Die Wertanalyse als Methode industrieller Kostensenkung und Produktgestaltung, Wiesbaden 1968
L 93 PACK, L., Betriebliche Investition, Wiesbaden 1966
L 94 PACK, L., Die Elastizität der Kosten, Wiesbaden 1966
L 95 PIESCH, W., Die Lösungen einer Klasse von Produktionsglättungsmodellen, Tübingen 1968
L 96 PRISTL, F., Arbeitsvorbereitung, Bd. I, 4. Aufl., Berlin-Heidelberg-New-York 1967
L 97 PRISTL, F., Arbeitsvorbereitung, Bd. II, 4. Aufl., Berlin-Heidelberg-New York 1969
L 98 RASCH, H., Die Wahl zwischen Selbstherstellung und Fremdbezug als Einkaufs- und Investierungsproblem in der industriellen Unternehmung, Berlin-München 1968

L 99 Rationalisierungs-Kuratorium der Deutschen Wirtschaft – RKW, Betriebliche Produktivitätsmessung, Berlin-Frankfurt/M.-Köln o. J. (1960)
L 100 Reichmann, Th., Die Abstimmung von Produktion und Lager in Unternehmen mit saisonalem Absatzverlauf, Köln-Opladen 1968
L 101 Riebel, P., Die Elastizität des Betriebes, Köln-Opladen 1954
L 102 Riebel, P., Die Kuppelproduktion, Köln und Opladen 1955
L 103 Riebel, P., Industrielle Erzeugungsverfahren in betriebswirtschaftlicher Sicht, Wiesbaden 1963
L 104 Ries, C., Normung nach Normzahlen, Berlin 1962
L 105 Schäfer, E., Der Industriebetrieb, Bd. 1, Köln-Opladen 1969
L 106 Schäfer, E., Der Industriebetrieb, Bd. 2, Opladen 1971
L 107 Schätzle, G., Forschung und Entwicklung als unternehmerische Aufgabe, Köln-Opladen 1965
L 108 Schmidt, Friedhelm, Die Bestimmung des Produktionsmittel-Standortes in Industriebetrieben, Berlin 1965
L 109 Schneider, E., Wirtschaftlichkeitsrechnung, 7. Aufl., Tübingen-Zürich 1968
L 110 Schneider, E., Einführung in die Wirtschaftstheorie, Bd. II, 11. Aufl., Tübingen 1967
L 111 Schulte, H., Kapitalfreisetzung durch rationelle Lagerhaltung in industriellen Unternehmen, Köln-Opladen 1964
L 112 Schwarz, H., Grundlagen der Abstimmung von Materialbeschaffung, Fertigung und Vertrieb, Freiburg/Brsg. 1959
L 113 Schwarz, H., Optimale Investitionsentscheidungen, München 1967
L 114 Seelbach, H., Planungsmodelle in der Investitionsrechnung, Würzburg-Wien 1967
L 115 Seidel, N., Praktische Fertigungsvorbereitung, 2. Aufl., München 1967
L 116 Seitz, M., Probleme der betrieblichen Planung bei im Zeitablauf wechselnden Marktverhältnissen, Wiesbaden 1968
L 117 Siskow, W. I., Messung und Optimierung der Erzeugnisqualität (deutsche Übers.), Berlin 1969
L 118 Strauch, H., Statistische Güteüberwachung, München 1956
L 119 Swoboda, P., Die betriebliche Anpassung als Problem des betrieblichen Rechnungswesens, Wiesbaden 1964
L 120 Terborgh, G., Leitfaden der betrieblichen Investitionspolitik (deutsche Übers.), Wiesbaden 1962
L 121 Vazsonyi, A., Die Planungsrechnung in Wirtschaft und Industrie (deutsche Übers.), München 1962
Verband für Arbeitsstudien – REFA e. V. (Hrsg.): Methodenlehre des Arbeitsstudiums,
L 122 Teil 1: Grundlagen, München 1971
L 123 Teil 2: Datenermittlung, München 1971
L 124 Teil 3: Kostenrechnung, Arbeitsgestaltung, München 1971

L 125 Teil 4: Anforderungsermittlung (Arbeitsbewertung), München 1973
L 126 Das REFA-Buch Bd. 5, Witthoff, J., Der kalkulatorische Verfahrensvergleich insbesondere die Wirtschaftlichkeitsrechnung, München 1956
L 127 Waffenschmidt, W. G., Technik und Wirtschaft der Gegenwart, Berlin-Göttingen-Heidelberg 1952
L 128 Waffenschmidt, W. G., Automation, Stuttgart 1954
L 129 Waffenschmidt, W. G., Produktion, Meisenheim/Glan 1955
L 130 Wibbe, J., Arbeitsbewertung, 3. Aufl., München 1966
L 131 Wittmann, W., Produktionstheorie, Berlin - Heidelberg - New York 1968
L 132 Zimmermann, W., Modellanalytische Verfahren zur Bestimmung optimaler Fertigungsprogramme, Berlin 1966

b) Aufsätze in Sammelwerken und Zeitschriften

L 133 Ausschuss für wirtschaftliche Fertigung (AWF), Begriffserklärungen Fertigungsplanung – Fertigungssteuerung, in: Mitteilungen des AWF, Jg. 35, 1960, S. 45 ff.
L 134 Berger, K.-H., Organisationstypen der Produktion, in: Agthe u. a. / L 4, S. 177 ff.
L 135 Bobek, K., Billiger konstruieren – billiger produzieren, in: Deutsche Gesellschaft für Betriebswirtschaft, Steigerung der Wettbewerbsfähigkeit, Berlin 1962, S. 96 ff.
L 136 Böhm, H.-H., Die Planung des Produktionsprogramms, in: Agthe-Schnaufer / L 3, S. 191 ff.
L 137 Coenenberg, A. G., Möglichkeiten des Wirtschaftlichkeitsvergleichs zwischen Eigenfertigung und Fremdbezug von Vorratsgütern, in: Zeitschrift für Betriebswirtschaft, Jg. 37, 1967, S. 268 ff.
L 138 Ellinger, Th., Die Informationsfunktion des Produktes, in: Moxter u. a. / L 90, S. 253 ff.
L 139 Fackelmeyer, A., Innerbetrieblicher Materialfluß, in: Agthe u. a. / L 4, S. 585 ff.
L 140 Ferner, W., Lindner, K., Strässer, H., Eigenfertigung oder Fremdbezug, in: Zeitschrift für Betriebswirtschaft, Jg. 38, 1968, 1. Ergänzungsheft, S. 45 ff.
L 141 Frenckner, T. P., Bestimmung des Produktionsprogramms als Anwendungsbeispiel der Linearplanung, in: Zeitschrift für handelswissenschaftliche Forschung, Jg. 10, 1958, S. 565 ff.
L 142 Hax, K., Betriebswirtschaftlicher Erfolg und Wirtschaftlichkeitsmessung, in: Die Wirtschaftsprüfung, Jg. 1, 1948, S. 4 ff.
L 143 Kern, W., Wirtschaftliche Fertigungsüberwachung durch statistische Qualitätskontrollen, in: Zeitschrift für handelswissenschaftliche Forschung, Jg. 13, 1961, S. 269 ff.

L 144 KERN, W., Organisatorische Durchbildungsstufen industrieller Fertigungssteuerung, in: MOXTER u. a. / L 90, S. 231 ff.

L 145 KILGER, W., Optimale Verfahrenswahl bei gegebenen Kapazitäten, in: MOXTER u. a. / L 90, S. 155 ff.

L 146 KÖLBEL, H., SCHULZE, J., Die Organisation der Forschung und Entwicklung in Chemiebetrieben, in: Betriebswirtschaftliche Forschung und Praxis, Jg. 19, 1967, S. 80 ff. u. S. 152 ff.

L 147 KRÜGER, G., Betriebswirtschaftliche Überlegungen zur Frage Eigenherstellung oder Fremdbezug, in: ENGELEITER, H.-G. (Hrsg.), Gegenwartsfragen der Unternehmensführung, Herne-Berlin 1966, S. 479 ff.

L 148 KRÜGER, G., Planung des Erzeugnisprogrammes, in: AGTHE u. a./ L 4, S. 87 ff.

L 149 MÄNNEL, W., Grundprobleme der Wahl zwischen Eigenfertigung und Fremdbezug im Industriebetrieb, in: Betriebswirtschaftliche Forschung und Praxis, Jg. 21, 1969, S. 76 ff.

L 150 RAGO, L. J. von, Mathematische Modelle der Programmplanung, in: AGTHE u. a. / L 4, S. 117 ff.

L 151 RIEBEL, P., Eine betriebswirtschaftliche Theorie der Produktion, in: Finanzarchiv, NF, Jg. 26, 1967, S. 124 ff.

L 152 ROPOHL, G., SCHREIBER, F., Grenzen der Flexibilität von Aufbaumaschinen aus genormten Bauteilen, in: Werkstattstechnik, Jg. 58, 1968, S. 301 ff.

L 153 STRAUCH, H., Qualitätskontrolle, in: AGTHE u. a. / L 4, S. 775 ff.

c) Nachtrag (zum Literaturverzeichnis)

L 154 BESTE, Th., Fertigungswirtschaft und Beschaffungswesen, in: Handbuch der Wirtschaftswissenschaften, Bd. 1, Köln-Opladen 1966, S. 111 ff.

L 155 BLOECH, J., Optimale Industriestandorte, Würzburg-Wien 1970

L 156 BRANKAMP, K., Ein Terminplanungssystem für Unternehmen der Einzel- und Kleinserienfertigung, 2. Aufl., Würzburg-Wien 1973

L 157 BREDE, H., Bestimmungsfaktoren industrieller Standorte, Berlin-München 1971

L 158 ENGEL, K. H. (Hrsg.), Handbuch der neuen Techniken des Industrial Engineering, München 1972

L 159 ENRICK, N. L., Optimales Lager-Management. Entwicklung, praktische Anwendung und Überwachung von Lagerhaltungssystemen (deutsche Übers.), München-Wien 1971

L 160 GÜNTHER, H., Das Dilemma der Ablaufplanung, Berlin 1971

L 161 HABERFELLNER, R., RUTZ, K., Integrierte Produktionssteuerung, in: Industrielle Organisation, I: Jg. 39, 1970, S. 514 ff. und II: Jg. 20, 1971, S. 21 ff.

L 162 HAHN, D., Industrielle Fertigungswirtschaft in entscheidungs- und systemtheoretischer Sicht, in: Zeitschrift für Organisation, Jg. 41, 1972, S. 269 ff., S. 369 ff., S. 427 ff.

L 163 HAX, K., Industriebetrieb, in: Handwörterbuch der Sozialwissenschaften, Bd. 5, Stuttgart-Tübingen 1956, S. 243 ff.

L 164 HEINEN, E. (Hrsg.), Industriebetriebslehre – Entscheidungen im Industriebetrieb, Wiesbaden 1972

L 165 HEINEN, E., Betriebswirtschaftliche Kostenlehre, 3. Aufl., Wiesbaden 1970

L 166 HENZEL, F., Führungsprobleme der industriellen Unternehmung, Bd. 1: Die Produktion in technologisch-wirtschaftlicher Betrachtung, Berlin 1973

L 167 JACOB, H. (Hrsg.), Industriebetriebslehre in programmierter Form, 3 Bde., Wiesbaden 1972

L 168 KILGER, W., Optimale Produktions- und Absatzplanung, Opladen 1973

L 169 MÄNNEL, W., Entscheidungen zwischen Eigenfertigung und Fremdbezug in der Praxis, Herne-Berlin 1973

L 170 PRESSMAR, D., Kosten- und Leistungsanalyse im Industriebetrieb, Wiesbaden 1971

L 171 SABEL, H., Produktpolitik in absatzwirtschaftlicher Sicht. Grundlagen und Entscheidungsmodelle, Wiesbaden 1971

L 172 SCHWEITZER, M., Einführung in die Industriebetriebslehre, Berlin-New York 1973

L 173 STEINBRÜCHEL, M., Die Materialwirtschaft der Unternehmung, Bern-Stuttgart 1971

L 174 UHLMANN, W., Statistische Qualitätskontrolle, Stuttgart 1966

STICHWORTVERZEICHNIS

SAMMLUNG POESCHEL

P 1 Seischab *Betriebswirtschaftliche Grundbegriffe*
P 2 Fischer *Die Führung von Betrieben*
P 3 Nordsieck *Betriebsorganisation*
P 4 Werner *Warenkunde. Anorganische Stoffe*
P 5 Kern *Industriebetriebslehre*
P 6 Lang *Industrielle Energiewirtschaft*
P 7 Kolbinger *Das betriebliche Personalwesen I*
P 8 Loitlsberger *Treuhand- und Revisionswesen*
P 9 Runge *Der Bankbetrieb*
P 10 siehe P 66 und P 67
P 11 Völker *Heinrich Nicklisch*
P 12 Nordsieck-Schröer *Organisationslehren*
P 13 Pausenberger *Wert und Bewertung*
P 14 Seischab/Junge *Effekten-Materialienbuch*
P 15 Mötteli/Bruggmann *Gestaltungslehre*
P 16 Bloy *Verwaltung (betriebswirtschaftlich)*
P 17 Fischer *Politik der Betriebsführung*
P 18 Kolbinger *Das betriebliche Personalwesen II*
P 19 Illetschko *Innerbetrieblicher Transport und betriebliche Nachrichtenübermittlung*
P 20 Werner *Warenkunde. Organische Stoffe*
P 21 Lechner *Verkehrsbetriebslehre*
P 22 Castan *Typologie der Betriebe*
P 23 Hartmann *Preisbildung und Preispolitik*
P 24 Wernet *Handwerks- und Industriegeschichte*
P 25 Junge *Bargeldloser Zahlungsverkehr*
P 26 Sprung *Internationale Finanzierungseinrichtungen*
P 27 Bussmann *Kartelle und Konzerne*
P 28 Schwarz *Konzernrechnungswesen*
P 29 Hahn *Geld- und Devisenhandel*
P 30 Kern *Operations Research*
P 31 Schönfeld *Grundlagen des Rechnungswesens*
P 32 le Coutre/Gimmy *Betriebswirtschaftliche Steuerlehre*
P 33 Gürtler *Einführung in die BWL der Versicherung*
P 34 Leitherer *Absatzlehre*
P 35 Guthsmuths *Rationalisierung*
P 36 Schwarz *Konrad Mellerowicz*
P 37 Hartmann *Kreditprüfung und Kreditüberwachung*
P 38 v. Wysocki *Kameralistisches Rechnungswesen*
P 39 Everling *Kurzfristige Erfolgsrechnung*
P 40 Sandig *Finanzierung mit Fremdkapital*
P 41 Hampe *Statistik für Betriebswirte I*
P 42 Seuster *Landwirtschaftliche Betriebslehre*
P 43 Menzel *Genossenschaftswesen*
P 44 Vormbaum *Kalkulationsarten und Kalkulationsverfahren*